体育教学与运动训练研究

宋哲光 著

延边大学出版社

图书在版编目（CIP）数据

体育教学与运动训练研究 / 宋哲光著. -- 延吉：延边大学出版社，2023.7
ISBN 978-7-230-05218-4

Ⅰ．①体… Ⅱ．①宋… Ⅲ．①体育教学－教学研究②运动训练－研究 Ⅳ．①G807.01②G808.1

中国国家版本馆CIP数据核字(2023)第136686号

体育教学与运动训练研究

著　　　者：宋哲光	
责任编辑：王思宏	
封面设计：文合文化	
出版发行：延边大学出版社	
社　　　址：吉林省延吉市公园路977号	邮　　编：133002
网　　　址：http://www.ydcbs.com	
E-mail：ydcbs@ydcbs.com	
电　　　话：0433-2732435	传　　真：0433-2732434
发行电话：0433-2733056	
印　　　刷：廊坊市广阳区九洲印刷厂	
开　　　本：787 mm×1092 mm　1/16	
印　　　张：10.75	字　　数：200千字
版　　　次：2023年7月　第1版	
印　　　次：2023年7月　第1次印刷	
ISBN 978-7-230-05218-4	

定　　价：78.00元

前　言

我国高校传统的体育教学模式，已经不能适应现在的高校办学规模和教育体制，所以我国高校体育教学模式的改革，已经迫在眉睫，是一项重要的教育改革任务。近年来，高校体育教学改革虽然取得了一定的成绩，但同时也存在着诸多的问题，要解决这一问题，必须对高校体育课程进行重新的认识和定位，必须要树立正确的教育改革观念及全面的育人观念，并用"学有所用"的教育理念论述这一教学改革的合理性、科学性，用实践检验出改变传统体育教学的必要性。提高学生的创造性思维，引导他们能够面对并适应高校体育教学的现实问题。

本书以体育教学与运动训练为研究对象，以体育教学研究为主线，从体育教学基础知识出发，将体育教学的理论知识与具体的运动训练方法相结合展开研究，对体育教学的基本理论和教学中的实用理论进行了阐述，对体育教学与运动训练的基本方法及其效果评价方法进行了细致的梳理。本书在内容上从抽象到具体，从原理到实操，层层推进，自成体系，既强调应有的理论深度，又注意具体的实践运用，旨在帮助教师不断更新教学方法，帮助学生掌握科学的体育训练方法，对于提高教师的教学水平和学生的个人身体素质都具有重要的意义。

由于作者水平有限，错误和不当之处在所难免，恳请广大读者在使用中多提宝贵意见，以便本书的修改和完善。

目 录

第一章 体育教学概述 1
第一节 体育教学模式概述 1
第二节 体育教学环境 14
第三节 体育教学的问题与对策 32

第二章 体育教学的方法 40
第一节 讲授法 40
第二节 学练法 48
第三节 课堂调控法 54
第四节 多媒体教学法 59

第三章 体育教学内容 63
第一节 体育教学内容基本理论 63
第二节 体育教学内容的选择与编排 70
第三节 体育教材化 76
第四节 体育教学内容的发展与改革 81

第四章 体育教学模式 85
第一节 体育教学模式基本理论 85
第二节 体育教学中典型的教学模式 91
第三节 体育教学模式的改革与发展 96
第四节 新型体育教学模式的构建和运用 100

第五章 体育运动训练概述 106
第一节 体育运动训练基础知识 106
第二节 体育运动训练的原理 118

  第三节　体育运动训练的管理 …………………………………………… **125**

  第四节　我国学校体育训练环境 …………………………………………… **134**

第六章　运动训练的内容、原则与方法 …………………………………… **139**

  第一节　运动训练的内容 …………………………………………………… **139**

  第二节　运动训练的原则与方法 …………………………………………… **145**

第七章　运动训练问题及解决方法 ………………………………………… **155**

  第一节　典型运动项目训练问题及解决方法 …………………………… **155**

  第二节　运动负荷的安排问题及调控方法 ……………………………… **158**

参考文献 ……………………………………………………………………… **164**

第一章 体育教学概述

第一节 体育教学模式概述

一、体育教学模式的定义

（一）体育教学模式的分析及定义

1.体育教学模式的分析

体育教学模式是体育教学研究的热点之一。在众多研究者的努力下，体育界的相关人士已经认识到教学模式是教学观念的表达形式，是教学理论、教学观念通向教学实践的中介和桥梁。在此基础上，出现了遵循认识规律的发现式教学模式、启发式教学模式；遵循技能规律的程序式教学模式、自学式教学模式；遵循负荷规律的训练式教学模式、活动式教学模式；遵循情感规律的情景式教学模式、快乐式教学模式；遵循交往规律的小群体式教学模式等。普通高校体育课程的教学模式，极大地丰富了一定时期、一定阶段内人们对体育教学模式的认识。但是，人们对这些模式的认识存在一些偏差，造成这种偏差的主要原因是体育教学研究缺乏系统的理论、观点，以及对教学模式的定义模糊不清。

体育界较为认可的教学模式是在一定理论体系的指导下，以完成特定的教学任务为目的的一种教学设计和教学方法的组合。因此，体育教学模式是按照某种教学思想设计的具有相应结构和功能的关于体育教学活动的模型或策略的教学程序，包括课程设置的框架或类型，以及相对稳定的教学过程结构和相应的教学方法体系。从系统的观点来看，体育教学模式的定义较为全面。

2.体育教学模式的定义

对于教学模式的定义,不同的学者从不同的角度出发有不同的见解。有些学者认为,教学模式是指在一定的教育思想、教学理论和学习理论指导下,以及在某种教学环境和资源的支持下,教与学活动中各要素(教师、学生、教材、媒体)之间稳定的关系和活动进程的结构形式。有些学者从系统论出发,把程序说、原理说、组合说、方法说、结构说等观点融为一体,认为教学模式是一个包括教学思想、教学观念、教学主体、教学客体、教学目标、教学方法等基本要素的相对独立的教学运作体系。还有些学者认为,教学思想、教学观念、教学主体、教学客体、教学目标、教学方法等基本要素并不在同一个层次上。

与教学模式的定义一样,体育研究者对体育教学模式的见解也是多样的,但都有把"体育教学模式"理解为"体育教学过程模型"的倾向。对诸多体育教学模式的定义进行归纳后,可以得出如下定义:

体育教学模式是体现某种教学思想的教学程序,包括相对稳定的教学过程结构和相应的教学方法体系,主要体现在教学单元和教学课程的设计上。

这个定义有三个特点:第一,认为体育教学模式为"教学过程结构和相应的教学方法体系",强调了体现时间概念的过程结构,并加上与之相联系的教学方法体系,形成了"教学过程结构+教学方法类型"的框架。第二,指出了体育教学模式与体育教学指导思想是体现与被体现的关系。第三,重新规定了体育教学模式的空间和表现形式,即主要体现在教学单元和教学课程的设计上。

(二)体育教学模式研究的兴起

20 世纪 70 年代末 80 年代初,我国的体育教学改革全面展开,这次改革是以转变体育教学思想为先导,以更新体育教学手段与方法为基础的。但是,经过一段时间后,人们发现这种改革在某种程度上导致了理论与实践研究严重脱节。

因此,20 世纪 80 年代后期,出现了与教学思想和教学方法相联系的体育教学过程结构的研究,这就是体育教学模式的研究。

(三)体育教学模式与其他教学因素的关系

1.体育教学模式与体育教学指导思想的关系

体育教学模式与体育教学指导思想之间有着非常密切的关系,但不完全相同。一般情况下,一种体育教学指导思想会有一个相对应的体育教学模式,但有时也会出现一种体育教学指导思想有几个体育教学模式,或一个体育教学模式由几种体育教学指导思想共同指导的现象。

无论怎样,教学指导思想必然反映在其教学模式的基本结构之中。例如,主张培养学生发现问题和解决问题能力的教学指导思想必然存在于"发现式教学模式"中,必然有"设定问题""学生提出假设""边验证边学习""讨论""提出答案"等独有的教学环节,这些环节充分地体现了发展学生能力的教学指导思想。教学指导思想和教学模式的关系是一种指导与被指导、反映与被反映的关系。

2.体育教学模式与体育教学目标的关系

任何一种特定的体育教学模式都会有实现与其对应的特定的体育教学目标的功能。特定的体育教学模式以其特殊的功能,与特定的体育教学目标相对应,但特定的体育教学目标并不能固定教学过程和教学方法,特定的体育教学目标可以通过多种体育教学模式来完成。

因此,用特定的体育教学目标来代表体育教学模式的说法是不准确的,如"发展运动能力为主的教学模式"。

3.体育教学模式与体育教学组织方法的关系

从广义上讲,体育教学模式是一种体育教学组织方法,但体育教学模式与人们现在所说的狭义的体育教学组织方法还有很大的不同。人们现在所说的体育教学组织方法是指体育课的组织方法,包括课堂常规、分组教学等,是一种在体育课中几乎可以通用的教法组织;而体育教学模式则是对应某种体育教学思想的,是对单元和课程的结构进行整体改造的方略,具有独特的构造和功能,不能为任何教学单元和课程所用。所以,把一节体育课的组织方法的改善称为新的体育教学模式,这是不准确的。

4.体育教学模式与体育教学方法的关系

体育教学模式是一个稳定的教学过程结构和相应的方法结合体,也就是说,体育教学方法是体育教学模式的重要组成部分。但体育教学方法并不等于体育教学模式,某个体育教学方法的改变也不能成为一个新的体育教学模式,几种新的教学方法的结合更不能称为教学模式。比如,一位体育教师只是运用了新的"提问"方式,就不能称其教学模式为"发现式教学模式"。

5.体育教学模式与体育教学风格的关系

教学风格不等于教学模式。一般来说，教学风格是个体的概念，如"李老师的教学风格"；而教学模式是群体概念，如"发现式教学模式""反映某某教学思想的教学模式"等。教学风格中有相当一部分是与个人的性格、修养相联系的（还与语言能力、技能水平、幽默感、人生背景有关），是很难学甚至学不会的；而教学模式则是教程和教法的改造，如教材的处理方法、教程的设计原理、设问方法、讨论方法、评价方法等。因此，只要具有基本教学能力的教师都可以学习和运用教学模式。

另外，运用同一种教学模式也可以有不同的教学风格，同一教学风格的教师也可以运用不同教学模式进行教学。把某个教师的教学风格称为教学模式的说法是不正确的。

二、几种常见的体育教学模式

由于体育教师各具特点，学生的实际情况也有所不同，因此体育教学过程中所采用的体育教学模式也是千差万别、各有侧重的。下面主要分析几种常见的体育教学模式的建立背景、指导思想、操作程序及存在的优缺点。

（一）主动性体育教学模式

1.建立背景

在现代教育中，学生是整个教学活动的主体，所以主动性体育教学模式能更好地引导学生通过思考、体验来进行交流和合作，从而进一步发展学生的社会技能、社会情感和创造能力。

在体育教学中，要想取得较为理想的教学效果，必须要有良好的课堂环境和氛围。因此，主动性体育教学模式在这样的环境和需求下应运而生。

2.指导思想

主动性体育教学模式的指导思想主要包括以下几个方面：

（1）培养学生的参与能力

只有使学生参与到教学活动中来，才能有机会使学生的主动性得到进一步发展。

（2）培养学生的教学能力

引导学生站在教师的角度上去思考问题，有利于提升学生的教学能力和主动性。

（3）培养学生的合作精神

要让学生认识到团队合作的重要性，培养学生的团结合作精神。

（4）培养学生的创新意识

要想发展就必须创新，教师应根据教学实际和学生的具体情况，有针对性地培养学生的创新意识和创造能力。

3.操作程序

主动性体育教学模式的操作程序如图 1-1 所示。

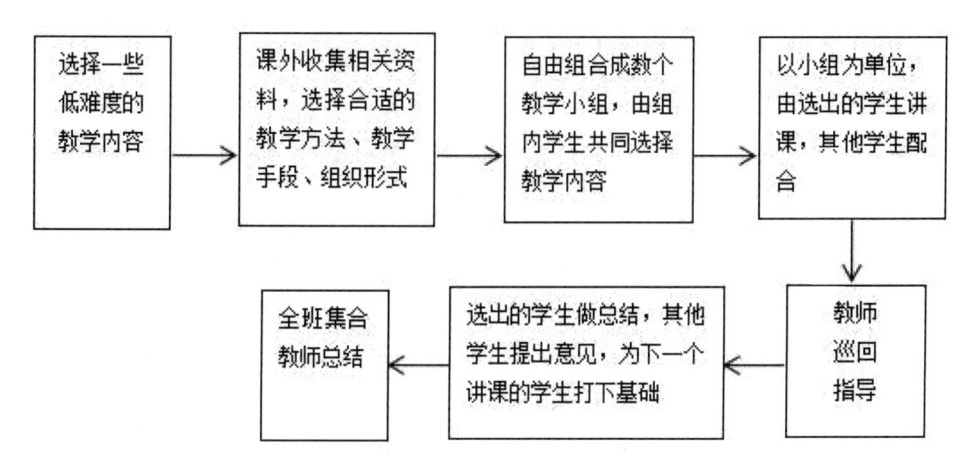

选择一些低难度的教学内容 → 课外收集相关资料，选择合适的教学方法、教学手段、组织形式 → 自由组合成数个教学小组，由组内学生共同选择教学内容 → 以小组为单位，由选出的学生讲课，其他学生配合 → 教师巡回指导 → 选出的学生做总结，其他学生提出意见，为下一个讲课的学生打下基础 → 全班集合教师总结

图 1-1 主动性体育教学模式的操作程序

4.主要优点和缺点

（1）优点

第一，体育教学中运用主体性体育教学模式能够实事求是地、有针对性地发展学生的主体意识。

第二，有利于提高和发展学生的学习主动性和自我学习能力。

（2）缺点

主动性体育教学模式要求学生有一定的自觉性，具有自我设计教学计划、教学方法、教学手段、组织实施的能力，以及较强的自学能力。否则，主动性体育教学模式就不会取得理想的教学效果。

（二）小群体体育教学模式

1. 建立背景

小群体的学习形式来源于日本的"小集团学习"理论。小群体体育教学模式是指在教师的指导下，学生按照某些共性和特殊性的联系组成学习群体，同群体学生之间、小群体与小群体之间通过"互动、互助、互争"的群体功能，增强学生学习的主动性，从而提高教学效率的一种教学模式。小群体体育教学模式最初是应用在其他学科中的，到了20世纪50年代，开始应用于体育教学中。这种教学模式不仅取得了较为理想的教学效果，还进一步促进了体育教学的发展和完善。

2. 指导思想

小群体体育教学模式的主要指导思想是在遵循体育学习机体发展和发挥教育作用的规律的基础上，通过体育教学中的集体因素和学生间交流的社会性作用，促进学生交往，提高学生的社会性。此外，在运用这种教学模式的过程中，还要培养学生自主学习的能力，并要适应学生的个体差异。因此，小群体体育教学模式的指导思想具体体现在以下几个方面：

（1）有针对性地培养学生的良好品质。

（2）强调集中注意力，并要求学生相互帮助、团结友爱，有效提高组内的竞争力。

（3）通过教导学生相互帮助、合理竞争，从而提高学生的身心健康和社会适应能力。

（4）要在条件基本均等的情况下，使群体与群体之间的学生合理竞争，从而激发学生学习兴趣，提高学习效果。

3. 操作程序

小群体体育教学模式的操作程序如图1-2所示。

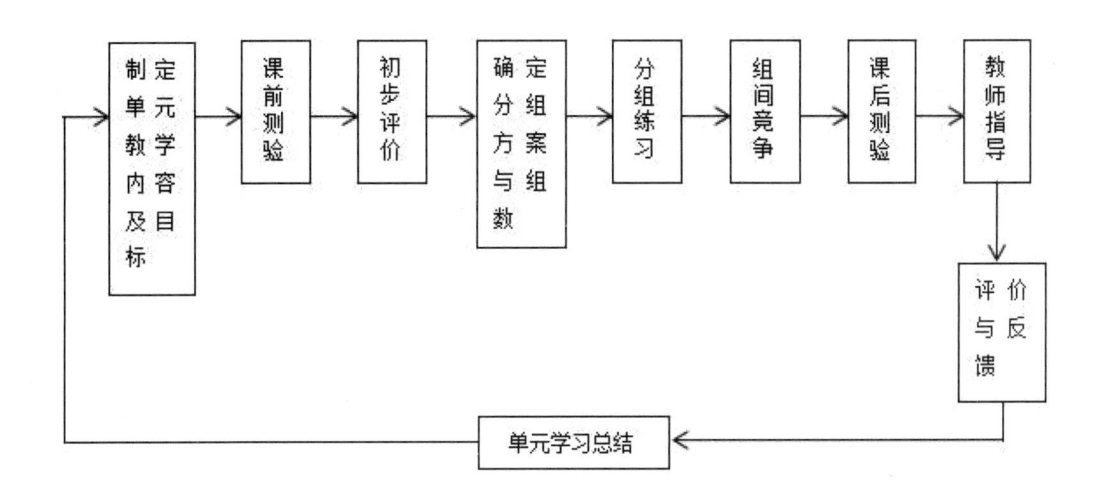

图 1-2 小群体体育教学模式的操作程序

4.主要优点和缺点

（1）优点

第一，小群体体育教学模式侧重培养学生的团结性，有利于充分调动学生学习的积极性和竞争性，培养和提高学生的社会适应能力。

第二，小群体体育教学模式既可以提高团队内学生的合作能力，又可以提高团队之间的竞争能力，增强学生的竞争意识。

（2）缺点

由于小群体体育教学模式更注重培养学生的社会适应能力，可能会导致在此方面消耗大量时间，从而减少学生学习教学内容的时间。

（三）选择式体育教学模式

1.建立背景

在"健康第一"思想和新课程标准的影响下，为了更好地体现以学生为主体的教学理念，现代体育教学模式中出现了选修课。选修课的出现使学生在体育学习的过程中，可以依据自己的喜好和需要选择适合的学习项目。由于这种教学模式具有较高的可行性和良好的教学效果，近年来在高校中被广泛使用，并受到体育教育工作者的高度重视。

2.指导思想

选择式体育教学模式可以使学生自主选择想要学习的内容、学习进度、学习参考资料、学习伙伴、学习难度等，有利于提高学生的学习兴趣，充分调动学生学习的积极性和主动性，从而更好地培养学生的学习能力。

3.操作程序

选择式体育教学模式的操作程序如图 1-3 所示。

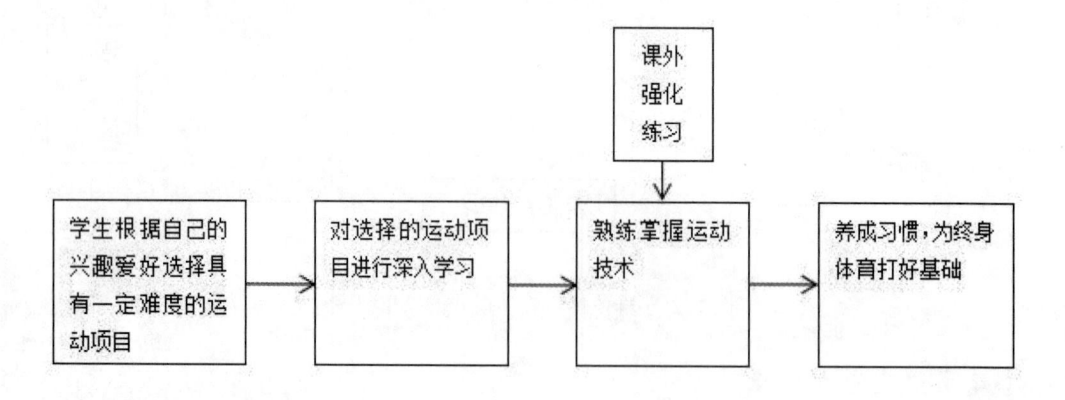

图 1-3 选择式体育教学模式的操作程序

4.主要优点和缺点

（1）优点

第一，学生可以自主选择学习内容，不仅充分体现了学生的主体地位，还有利于提高学生的学习兴趣。

第二，学生根据自身的兴趣和需求选择学习内容，能更好地培养学生的自觉性、学习热情、学习态度、情感体验和克服困难的意志力等，也能提高学生的责任感。

（2）缺点

第一，根据目前的相关教学实践来看，选择式体育教学模式虽然对有运动兴趣的学生有积极作用，但对那些暂时还没有运动兴趣的学生来说，在选择上会出现盲目性。因此，选择式体育教学模式目前还不适用于全体学生。

第二，由于受到技术难度、趣味性、运动量和考核评价等方面的影响，学生可能会功利性地选择运动项目，从而使选择内容不均等，不利于教学活动的顺利进行。

（四）发现式体育教学模式

1. 建立背景

发现式体育教学模式是指通过体育教师的指导，学生能够独立地研究和发现事实与问题，从而更加深刻地掌握相关原理和知识的一种教学模式。这种教学模式主要强调学生的直觉思维、内在的学习动机和教学过程三个方面。

2. 指导思想

发现式体育教学模式是教师通过适当的引导，让学生运用主观思维积极地思考，独立地发现问题、解决问题的教学模式。因此，发现式体育教学模式的指导思想就是在体育教学中通过遵循学生的认知规律来考虑教学过程，体现以学生为主体、以学生为中心的思想。具体来说，其指导思想包括以下几个方面：

（1）着重增强学生学习的积极性和趣味性。

（2）调动学生思维的主动性，开发学生的智力。

（3）在以学生为主体的前提下，对学生进行指导。

（4）在揭晓答案之前，要让学生去探索问题的答案。

（5）设置问题情境，使学生较为自然地进入教学情境之中，激发学生的学习热情和积极性。

（6）提高学生学习运动技能的效率，使学生更加深刻地领悟技能和知识，记忆更加牢靠。

3. 操作程序

发现式体育教学模式的操作程序如图 1-4 所示。

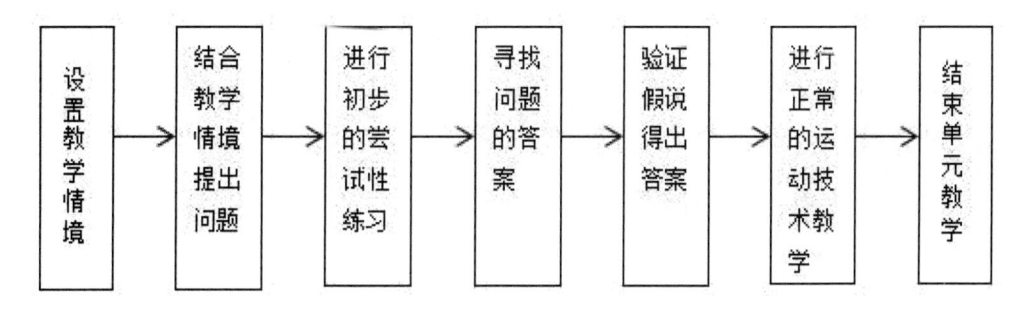

设置教学情境 → 结合教学情境提出问题 → 进行初步的尝试性练习 → 寻找问题的答案 → 验证假说得出答案 → 进行正常的运动技术教学 → 结束单元教学

图 1-4 发现式体育教学模式的操作程序

4.主要优点和缺点

（1）优点

第一，发现式体育教学模式能调动学生学习的热情和积极性，提高学生的学习效率。

第二，发现式体育教学模式有利于开发学生的智力，提高学生的智力水平。发现式体育教学模式非常重视学生的智力发展，通过在学习过程中设置问题情境，激发学生学习的好奇心，进而提高其智力水平。

（2）缺点

第一，发现式体育教学模式会在问题的提出、讨论、解决等环节占用大部分的教学时间，而运动技能练习与巩固的时间相对较少，因此会对学生学习和掌握运动技能的效果产生影响。

第二，发现式体育教学模式还会受到不稳定因素的影响，所以无法在短时间内与其他教学模式进行比较。

（五）传统运动技能教学模式

1.建立背景

传统运动技能教学模式主要沿袭了苏联著名教育家伊·安·凯洛夫的教育思想和教学模式，遵循认识规律、运动技能形成规律，将教学过程细分为"感知—理解—巩固—应用"等几个阶段。传统运动技能教学模式十分重视教师的主导作用，以教师为中心、为主导，侧重本体化的加工信息，即重视从运动技能形成角度来教学，把示范、讲解、练习、纠正错误动作、再次练习等作为教学的过程，从而形成传统的运动技能教学模式或程序式教学模式。

2.指导思想

主要指导思想是通过对运动技术的学习，达到掌握运动技能的目的。

3.操作程序

传统运动技能教学模式的操作程序如图 1-5 所示。

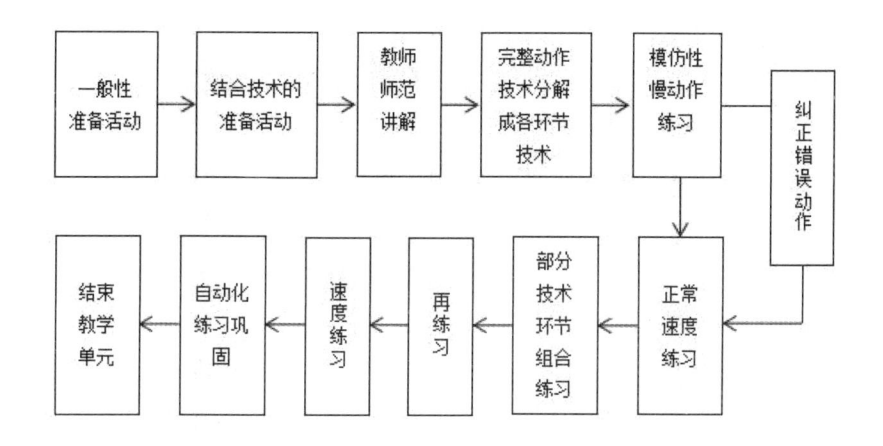

图 1-5 传统运动技能教学模式操作程序

4.主要优点和缺点

（1）优点

以教师为主导、按运动技术结构循序渐进地教学，教学步骤较为细致。

（2）缺点

第一，在教学过程中，教师直接给予学生正确答案。

第二，教学方法单调、缺乏趣味。

第三，不重视对学生思维过程的开发，不注重比较同类或相似技术间的区别与联系，对运动技能的学习造成了干扰。

第四，运动技术项目的多样性，造成了各运动技术学习时数的严重不足。

第五，过多考虑运动技术的细节，忽略了学生的主观能动性。

（六）领会式体育教学模式

1.建立背景

领会式体育教学模式是在 20 世纪 80 年代由英国学者提出的。在当时，这种教学模式主要用来改造体育教学的教学过程结构，在应用过程中试图通过从整体开始学习（领会），改变以往只追求技能，而忽略学生对整个运动项目的认知和对运动特点把握的缺陷，以达到提高体育教学质量的目的。

2.指导思想

领会式体育教学模式的指导思想主要包括以下几个方面：

（1）强调先尝试，后学习。

（2）要在尝试的过程中，让学生了解学习运动技术的重要性，进而提高学生学习的主动性。

（3）强调先进行完整教学，再进行分解教学，在掌握各部分分解动作的基础上再进行完整尝试，比较学习前后的效果。

（4）竞赛是开展体育教学活动最主要的组织形式，有利于提高学生学习的积极性和实用性。

3.操作程序

领会式体育教学模式的操作程序如图1-6所示。

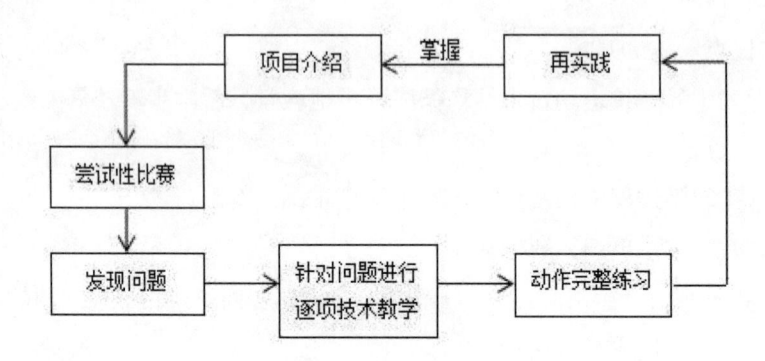

图1-6 领会式体育教学模式的操作程序

4.主要优点和缺点

（1）优点

领会式体育教学模式通过让学生初步体验，认识到学习正确动作的必要性。教师根据学生的实际情况，选择合理的教学方法，促使学生产生强烈的学习运动技术的动机和需要，进而调动学生学习的积极性，提高学习效率。

（2）缺点

在尝试性比赛中，学生因对某项运动缺乏深刻的了解，很可能导致比赛无法顺利进行。在一些尝试性的比赛中，要想避免这种情况发生，可以降低难度和要求，使学生慢慢进入活动，比赛也更为有序，以此来保证尝试性比赛的顺利进行。

（七）快乐体育教学模式

1.建立背景

快乐体育教学模式起源于日本。我国学者认为，快乐体育教学模式是以运动为基本手段，采用适宜的教法，在锻炼学生身体的前提下，使学生得到理性的快乐体验，即以获得快乐的心理体验为直接（显性）目标的体育教学。快乐体育教学模式的作用是能够提高学生学习体育的兴趣，使学生养成锻炼的习惯；特点是通过教师的指导，学生可以快乐学习，强调学生的学习兴趣和成功体验；教学过程是从体验发现到挑战学习，再到总结创造，强调不仅可以体验运动的乐趣，而且有学习、挑战、交流、创造等多种心理体验。

2.指导思想

在掌握一定运动技能和方法的前提下，教师应更多地关注每个学生的不同体验，以强化其运动的兴趣和乐趣体验。具体表现为：

（1）注重整体教学思路，重视单元设计。

（2）灵活运用多种教学方法营造课堂和谐、合作的教学气氛。

（3）利用学校自身的优势，开发和改造教学条件和环境。

3.操作程序

快乐体育教学模式的操作程序如图 1-7 所示。

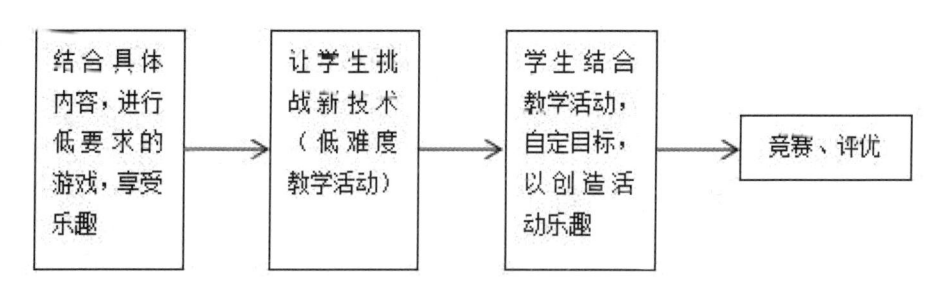

结合具体内容，进行低要求的游戏，享受乐趣 → 让学生挑战新技术（低难度教学活动） → 学生结合教学活动，自定目标，以创造活动乐趣 → 竞赛、评优

图 1-7 快乐体育教学模式的操作程序

第二节 体育教学环境

一、体育教学环境的意义

环境是人类生存的最基本条件，人必须在环境中生存。没有适合人类生活的自然环境与社会环境，就无从谈及人的生存与发展。体育运动是在特定的自然环境下进行的，体育运动离不开环境，没有环境便没有体育运动。创造适宜的体育运动环境，将有助于促进体育运动者的运动兴趣和身心健康发展。良好的体育运动环境能够促使学生自觉地、积极地、科学地参加体育运动，有利于学生身体的正常发育，促进其体格、体能和身体素质的不断提高；有利于增加学生对自然环境的适应能力和对疾病的抵抗能力；有利于培养学生的运动兴趣和顽强的意志品质。

正常的教学活动离不开一定的教学环境，教学环境的好坏对于教学活动能否顺利开展和教学质量的高低具有直接的影响。体育教学是在特定的环境下进行的活动，科学合理的教学环境是完成教学任务的重要基础保证，是体育教学工作能否顺利进行的关键因素之一。

二、体育教学环境的特点

体育教学实践表明，体育教学环境在体育教学活动中具有重要的意义，是体育教学活动必不可少的物质基础，与学校里的其他学科相比，体育教学环境产生的影响更直接、更适时、更明显。从表面上看，体育教学环境处于教学活动的外围，是相对静止的。但从实际教学角度看，它以特有的影响力，持续地干预体育教学活动的进程，系统地影响体育教学活动的效果。体育教学环境之所以在体育教学活动中发挥着这样的作用，主要由其自身的特点决定。

（一）对学生影响的自发性与潜在性

由于体育教学环境作为主体知觉的背景，刺激强度较弱，具有一定的暗示性，因此常常对学生产生潜移默化的影响。

（二）对学生影响的双重性和双向性

体育教学环境蕴含的信息具有矢量性，或者指向体育教学目标，或者背离体育教学目标。学生作为重要的影响因素也反作用于体育教学环境。

（三）体育教学环境设计的目的性和计划性

体育教学过程在本质上是教师科学地、有目的地选择和设计一定体育教学环境以引起学生积极的态度体验，从而主动探索知识、发展能力的过程。

（四）体育教学环境的科学性和可调控性

体育教学环境是按照一定的目标和需要专门设计组织起来的一种特殊环境。在体育教学实践中，体育教学环境是可以调控的，从而使体育教学环境朝着有利于开展体育教学活动的方向发展。

（五）体育教学环境的复合性

与一般的文化课教学相比，体育教学活动是相对复杂的，不仅表现在目标的多样性和内容的丰富性上，还表现在整个教学活动的组织工作上。这些特点决定了体育教学环境的复合性：一方面，体育教学环境所需的物理环境是复合的；另一方面，体育教学的心理环境也是复合的。

三、体育教学环境的功能

随着社会的发展，人类的生存环境日趋复杂，环境对人的影响也越来越大。教学环境作为一种特殊的社会环境，在个体成长和发展的过程中发挥的重要作用已经引起了人们的广泛关注。"功能"指的是一个事物所具备的对周围其他事物产生作用的能力或根本属性，是事物自身固有的能力。相互联系与相互作用是事物功能的表现形式，如果具备功能的事物不与其他事物产生联系,便无法产生作用。如果教育环境不具备相应的功能,教育环境对教学活动的作用便成了"无源之水""无本之木"。因此,若要对教学环境在教学中的作用有较深层次的认识,就必须进一步分析教学环境的功能。

"功能"是一个中性的概念,泛指构成某一社会系统的要素对系统的维持与发展所产生的一切作用或影响。作为科学概念的功能所涵盖的并非主观企求的、应当发挥的作用,而是客观呈现的、实际所产生的作用,既然是作用,就有可能是促进作用,或者阻碍作用。教学环境是为育人而创设的,是根据全面促进人的身心发展这一特殊需要和国家的教育方针、学校的培养目标而设计、建设和组织起来的,各种外部环境因素在进入教学环境之前,也都经过了一定的选择、净化、加工等处理流程。因此,教学环境的正向功能是主要的、显在的,而负向功能是次要的、隐蔽的。

(一)养德功能

体育教学环境的养德功能,是指体育教学环境能够陶冶学生的情操,净化学生的心灵,培养学生正确的世界观、人生观、价值观,提高学生的思想觉悟,促使学生养成高尚的道德品质和健康的行为习惯。

个体的思想觉悟、道德情操、健康的行为习惯是在一定的社会环境中形成的。体育教学环境作为学生长期生活的微观社会体育环境,对学生的道德品质和健康的行为习惯的养成具有无可替代的重要作用。实践证明,优雅、整洁、文明的校园,窗明几净、生动活泼的学习环境,积极向上的校风、班风,和谐友好的人际环境,健康多彩的集体体育活动等,都是陶冶学生情操、培养学生高尚道德品质的有利环境因素。教学环境对学生的教育作用不是通过强行灌输实现的,而是寓教育于生动形象、美好健康的情境中,通过有形的、无形的、物质的、精神的多种环境因素的综合作用,使学生潜移默化地受到熏陶和感染,从而产生一种"随风潜入夜,润物细无声"的体育教育效应。与单纯的说教相比,这种体育教育效应更容易得到学生的认可,并引起情感上的共鸣,更有利于陶冶学生的情操和培养学生的优良品德。因此,积极运用体育教学环境对学生进行思想品德教育,必将大大提高学校体育的德育实效性。

(二)益智功能

体育教学环境的益智功能,是指体育教学环境能有效地促进学生智力发展,提高学生智力活动的水平和效率。

不同的环境对人的智力活动有不同的影响。清洁整齐、宁静优雅的环境使人心情舒畅、精神振奋、注意力集中；肮脏杂乱、嘈杂喧哗的环境使人心情烦躁、精神萎靡、注意力分散。因此，应将学校的体育场馆设在一个安静的地点，远离喧嚣。环境心理学家的研究结果表明，环境中的光线、温度、空气颜色、声音、气味等与用脑效率有很大关系。例如，光线过强会使人感到烦躁甚至眩晕，影响思维判断力；光线过弱则不能引起大脑足够的兴奋强度，影响学习效率。环境中的淡绿色和浅蓝色可以使人平静，易于消除大脑疲劳，提高用脑效率；深红色、深黄色能够对人产生强烈刺激，使大脑兴奋，随后趋于抑制。音量高于 70 分贝时，会使人头晕乏力、记忆力减退、注意力不集中，降低大脑的使用效率；但音量适中、悦耳动听的音乐则会使人感到轻松愉快，使人达到智力活动的最佳状态。

教学环境中健康丰富的信息刺激，可以促进智力的发展；而信息刺激的缺乏则会抑制智力的发展。人脑的功能及其相关组织的发展需要信息的充分输入与刺激，接收外界的信息刺激越多，它们的发展就越快。由于学校体育教学环境蕴含的信息较为集中，因此在利用丰富的信息刺激学生大脑发育、促进学生智力发展方面，体育教学环境有着得天独厚的优势。

（三）强体功能

体育教学环境的强体功能，是指体育教学环境能有效地促进学生身体的正常发育，提高学生的身体素质和健康水平。

人的健康状况与环境的优劣密切相关。良好的环境能够有效地提高人的健康水平，反之，会导致人的身体素质下降。对于青少年来说，他们大部分时间是在学校中度过的，学校体育教学环境与他们的健康状况有着直接的关系，良好的体育教学环境能够有效地促进学生的身体健康。

（四）育美功能

体育教学环境的育美功能，是指体育教学环境有利于激发学生的美感，进而培养学生正确的审美观和高尚的审美情趣，丰富他们的审美想象，提高他们感受美、鉴赏美和创造美的能力。审美是人的一种高级心理活动。人与环境之间有着直接的审美联系。学校是一个丰富多彩的、美的世界，生活在学校里的学生有意无意地接受着教学环境中美的熏陶。

良好的教学环境处处蕴藏着丰富的审美内涵，校园中的自然美、教室里的装饰美、教学中的创造美、人际交往中的情感美，以及师生的仪表美、语言美、行为美等，都对学生形成正确的审美观产生了重要影响。首先，良好的体育教学环境有助于学生形成感受美和塑造美的人格；其次，良好的体育教学环境有助于提高学生鉴赏美、创造美的能力；最后，良好的体育教学环境有助于学生形成崇尚美的生活方式。

（五）激励功能

体育教学环境的激励功能，是指体育教学环境可以有效地激发教师教学与学生学习的热情，提高学生学习体育的积极性，从而提高体育教学活动的质量和效率。

在一个积极、和谐的教学环境中，各种环境因素都可以成为调动师生积极性的有利因素，如整洁优雅、绿树成荫的校园，宽敞明亮、色彩柔和的体育场馆，生动活泼、积极活跃的体育课堂氛围，诚挚互爱、和谐融洽的师生关系，以及严谨求实、团结奋进的班风、校风等，都能给师生在心理上带来极大的满足感和愉悦感，充分激发他们内在的体育学习、锻炼身体的动力和热情。优良的班风和校风更是一种由师生共同创建培育起来的强大的精神力量，这种无形的力量作为一种最持久、最稳定的激励力量，激励着师生共同努力、团结奋进。

（六）导向功能

体育教学环境的导向功能，是指体育教学环境通过自身各种环境因素集中一致的作用，引导学生主动接受一定的价值观和行为准则，使他们向着社会期望的方向发展。

教学环境是育人的专门场所，是按照全面促进人的身心发展这一特殊需要、国家教育方针和学校培养目标的具体要求而设计、建设和组织起来的，它集中体现了社会主流文化的精神和价值取向，以及国家和社会对年轻一代成长和发展的期望。这些要求和期望蕴含在学校内部的各种环境因素中，形成了一种具有强大约束力的精神氛围，引导着学生的思想，规范着学生的行为，塑造着学生的人格。教学环境的导向作用，对于学生个体的社会化具有十分重要的意义。

（七）凝聚功能

体育教学环境的凝聚功能，是指体育教学环境通过自身特有的影响力，将来自不同地理区域、社会阶层和家庭背景的少年儿童聚集在一起，使他们对学校环境产生认同感和归属感。

一个健康向上的教学环境，洋溢着追求真理、探索知识的学习气氛，充盈着欢快的歌声、笑声和读书声，学生对知识的渴望在这个环境中得到了极大的满足，学生的兴趣、爱好和个性在这里也能得到最佳的发展。因此，学校体育教学环境对于求知欲旺盛的学生来说，具有极大的吸引力和感召力。更重要的是，教学环境是师生共同创建的，学校里的每一棵树、每一个整洁的运动场地、每一场精彩的体育比赛，都凝聚着学生闪光的智慧，饱含着学生辛勤的汗水。这一切都能激起学生对周围环境的无比关心和热爱，增强他们对学校体育环境的认同感和归属感，增强集体的凝聚力。

四、体育教学环境的要素

体育教学环境主要分为物质环境和心理环境两个方面。其中，物质环境包括自然环境、场地器材等因素；心理环境主要包括校园体育文化、体育教学课堂氛围和体育教学人际关系等因素。所以体育教学环境的要素应从以下两方面来考虑：

（一）教学内容的选择

体育教学内容是以体育教育为目的，以身体练习、运动技能学习和教学比赛等为形式，达成教学目标所选用的体育知识和技能的体系。所以在选择教学内容时，既要遵循运动技能的形成规律，又要符合学生的认知水平；既要有一定的运动负荷，又要使学生体验快乐，最终使学生在学习过程中领悟教学内容。也就是说，教学各个环节的内容都要与学生的个体实际相融合，分层次分目标地让学生达到"可接受"的状态，发散其思维，展现其才华，激发其创新，从中体会参与和成功的喜悦，增强学生对学习的兴趣和自信。

（二）运动技术的学习

在日常生活中，人们需要经常学习新的动作技能，如学走路、学骑车、学用餐具等，运动领域中更包含了许多复杂的运动，如篮球的上篮、体操的后空翻、柔道的过肩摔、排球的发球等。

人们是如何形成、习得如此复杂的运动技能的？哪些方式有助于学习？这些问题一直是运动学习领域中重要的研究课题。对于学习形成的机制，研究者从不同角度提出了多种理论解释，并且随着人类对自身认识的深入而不断完善。

（三）教学方法的运用

教学有法，法无定法，贵在得法。体育教师要学习相关理论知识，掌握行之有效的教学方法，不断实践，总结经验，形成适合自己特点的教学方法。同时又不能故步自封，要不断改革创新，摒弃旧观念，树立新理念，用最新的研究成果指导教学，这样才能不断创造出新方法，使原有的教学方法发挥出更大的效益，体育教学才能取得良好的效果。

（四）运动负荷适宜

运动负荷会对三个方面产生直接影响：其一，技术学习的熟练程度，即知识与技能、过程与方法的提升；其二，生理机能负荷承载的锻炼程度，即体质健康；其三，意志力磨炼程度，即情感态度、价值观的培养。由此可见，运动负荷与三维目标的达成是密切相关的，在体育教学过程中，教师必须科学合理地安排学生的运动负荷。

（五）教学环境与氛围的营造

围绕《体育与健康课程标准》的基本理念，把健康第一的指导思想落实到日常的体育教学中去，以转变观念提高认识、师生相互尊重与理解为前提构建新型师生关系；创设问题情境，调整课堂结构，进行探究式学习、自主学习、合作学习，以此来活跃课堂氛围；通过激励语言、体态语言发挥课堂教学语言的魅力，以此来营造课堂教学的和谐氛围，激发学生的运动兴趣，发挥学生学习体育的积极性、主动性和创造性，让学生能积极主动地参与思考，锐意创新，体验学习与成功的乐趣。

课程标准强调教学过程是师生交往、共同发展的互动过程，注重培养学生的独立性和自主性，引导学生质疑、调查、探究，使学习成为在教师指导下主动的、富有个性的过程。所以，如何营造能引导学生主动参与的课堂教学氛围，搭建好学生能自由发展的"平台"，是目前体育教学中应深入探究的课题。

（六）教学评价与反馈的应用

体育教学中的评价与反馈能使学生真正消化所学知识，准确掌握动作要领。这对于提高体育教学质量，提升学生的体育素质具有重要作用。将评价与反馈应用于体育课堂教学中，能使教师在第一时间了解学生的状态，并对学生的学习成果提出建议，直接影响学生学习积极性的调动和体育教学质量的提高。在反馈教学中，教与学是师生的双边活动。在这个活跃的双边活动中，教师始终处于主导地位，学生是学习的主体。学生通过学习从教师那里接收信息，改变自身。同时，学生通过各种外在表现形式将自己学习的结果反馈给教师。体育教学中的评价与反馈使学生能真正消化所学知识，准确掌握动作要领，这对于提高体育教学质量，提升学生的体育素质具有重要作用。

反馈的目的不是采集信息，而是教师根据学生反馈的信息及时对学生存在的问题作出补救，从而提高课堂教学质量，优化课堂教学效果。那么，发现问题后如何补救呢？第一，对于共性问题，教师需要对学生进行集体辅导，找出问题的症结所在，然后调整教学方案，解决问题，使学生逐步达标。第二，对于个别学生存在的问题，应进行有针对性的辅导，使他们逐步达标。

（七）教学性的体现

教学目标是"领头羊"，让学生明确教学目标，是充分发挥学生主体性的前提。过去制定的教学目标比较抽象、模糊，缺乏明确性和针对性，如果学生没有明确教学目标，那么，在课堂学习中必然是盲目的、被动的。体育教学目标具有导向、激励与评价的功能，所以要充分发挥体育教学目标的功能，促使学生主动进行体育学习。体育教学目标要明确、具体，学生通过努力就可以实现。

（八）心理健康教育

有些学生好静、少动，具有不善于交际、情感脆弱、自卑和对环境冷漠等心理特征，这导致他们对体育课没有兴趣，不能按正常的学习水平完成学习任务。这些学生之所以有这样的表现，主要是因为懒散、怕苦，或者是存在认知问题，不把体育课当回事。因此，体育教师通常或是强行约束，或是说服教育，但都是收效甚微。

在教学中适当地加入心理教育，纠正个别差异，可能会收到较好的效果，使每个学生都能有健康的心理、强健的体魄。同时，根据课程标准的理念，改进授课方法，营造愉快的课堂氛围，让学生在快乐学习中培养意志。教师可以把一些比较累的练习，编到游戏中，并给这些游戏取一些新颖的名字，让学生分组进行比赛，并表明胜利者将得到荣誉称号。这样，游戏更情境化、游戏化。虽然学生在游戏中训练、流汗，但却表现出了浓厚的兴趣，气氛活跃，积极性高。加上教师对某些速度快的学生和一些平时不怕苦、不怕累，敢于同困难做斗争的学生给予及时表扬，学生会更有学习的动力。因此，经常变换训练手段，更新内容和游戏的名称，运用形式多样的训练方法，变"让我练"为"我要练"，调动学生的主观能动性，是培养学生意志的重要途径。

所以，教师坚持采用灵活的方式方法，能对培养学生的健康心理起到良好作用。

（九）安全意识的教育

学生的身心健康是现代体育教学的重中之重。

体育课上，学生经常会发生扭伤、挫伤、拉伤、碰伤等运动损伤，偶尔也会发生一些重大的安全事故，轻者影响学习，重者可能造成残疾，甚至危及生命，给学生、家庭、学校带来损失。广大体育教师应高度重视安全教育，落实安全措施，使青少年健康、快乐地成长。

（1）充分认识安全工作的重要性，增强安全责任感。在体育教学中，教师不仅要具有高度的安全意识，还要教育学生树立安全第一的思想。例如，有的学生站队时无法掌握力度和分寸，再加上本身平衡、协调能力差，就很容易因碰撞而摔倒，造成身体损伤等安全事故，教师应在迅速制止的同时进行适当的批评，不仅要让学生明白这是错误的行为，还要让其了解这种行为可能造成的不良后果，以杜绝同类情况再次发生。及时地教育和随时提醒，可以让学生重视这件事，时刻保持安全意识，不做有危险的事，防止事故的发生。

（2）加大安全教育力度，提高师生的安全意识和防范能力。建立课堂纪律，强化纪律教育。体育教师要以身作则，要求学生穿运动服上课，身上不能带小刀等锋利的硬物，不要佩戴胸针等饰品，不要留长指甲等，上课要听从指挥、遵守纪律，严禁嬉戏打闹、任性蛮干、动作粗野、违反运动规则的行为。

（3）加强运动场地的安全预防。场地器材的准备是最基本的安全措施。在上课前，教师必须做好场地和器材的安全检查，如有安全隐患，应及时排除，再进行教学。

（4）在教学和组织比赛时要格外注意场地是否平整，及时清除小石块防止引起不必要的伤害事故。例如，跳远时沙坑不平整，或沙子过少，或沙坑中有学生玩耍时留下的砖头、石块等，都有可能造成损伤。

（5）学校的单杠、双杠、爬竿、爬绳等，日晒雨淋，时间长就会生锈、腐烂，如果没有及时保养和修理更换，学生在活动时器材可能会断裂，致使学生受伤。所以在锻炼之前，教师一定要先检查器械，排除安全隐患。

（6）课前、课后搬运器材时要告诫学生不能在搬运过程中打闹嬉戏。特别是具有危险性的器材，课后不能长时间摆放在操场上，如铅球、铁饼等，要及时送还保管室。

（7）充分了解学生的个体差异。体育教师要在课前详细了解学生的身体状况，有的学生身体存在某种缺陷或患有某种疾病，在进行某项有一定强度的运动项目时，可能会出现安全事故。

（8）认真做好专门性准备活动。参加某项有对抗性的比赛活动或跳高、打篮球等剧烈的运动项目之前，一定要做好充足的准备活动，运动前多活动，易伤部位早预防。

（9）教师设计的活动要避免不符合学生身体素质的、超强度的体育运动项目，如开展篮球比赛、在双杠上翻越等。

（10）教师对体育活动的规则、方法和要注意的安全问题的讲述、强调要到位。例如，教学掷铅球时，对观看的学生站在什么位置、铅球在滚动时怎样让它停下来等问题，要具体讲解。在投掷项目的教学中，教师要严格按照教学程序、教学原则进行，严格规定学生的位置，让学生远离危险区，严禁对掷，要告诉学生等同组同学都投掷完以后再统一捡回器材，或者安排见习生帮忙捡回，队伍中其他人不可乱跑、抢掷。要从源头预防意外伤害事故。

（11）有时，上体育课的班级多，学生人数也多，但活动范围小，教师要防止学生在分组活动时相互碰撞，从而摔伤。

（12）天气炎热，在阳光下锻炼的时间不宜过长，运动量不宜过大，防止学生中暑。

（13）课堂组织要严密，学生要严格遵守纪律，防止学生在没有教师保护的情况下做有危险的运动，如跳高、跳远、爬杆等。

所以，体育教学中学生的安全问题要引起体育教师的高度重视，做到防患于未然。体育教师要有高度的责任心和责任感，用正确、合理、科学的方法来预防和杜绝安全事故的发生。只要学生和教师在思想上重视伤害事故，教师关心、爱护学生，教学上扎扎实实、认真负责、创新教法，管理上严格要求，就可以减少或避免伤害事故的发生，真正做到让学生健康快乐地成长。

五、体育教学环境中的情绪

近年来，在关于非智力因素的研究中，心理学家一致认为，情绪是一种对智力活动有显著影响的非智力因素。在教学中，不仅要有身体活动，还要有智力活动，情绪贯穿知识的掌握和技能的形成的全过程。

（一）情绪与体育的关系

1.情绪的激活功能

情绪的激活功能包括生理激活与心理激活。生理激活是指情绪通过影响个体的生理状态对智力活动产生直接或者间接的影响；心理激活是指对个体选用适当的认知策略，调用认知图式同化或顺应客体的影响。人的欢乐、愉悦的情绪可以带来良好的效果，对智力活动发挥积极的作用。

2.情绪的动力功能

情绪的动力功能是指情绪对智力活动具有增力或减力的效能。一般情况下，愉快、兴奋的积极情绪，能增强人的活力，驱使人积极地行动。情绪在人类的动机系统中居于核心地位，具有动力作用。

3.情绪的转化作用

情绪的转化作用是指情绪能把智力活动的结果转化为有效的强化物。许多研究表明，人若在智力活动中取得成功，就会增加信心，提高学习的兴趣，产生更大的学习动力。体育教师在课堂教学中要充分有效地运用情绪所具有的激活、动力、转化功能，从而唤起学生积极健康的情绪，使学生将"理智的思考"寓于"情感的体验"中，并学习知识、技术，形成技能，学生在感到轻松愉快的同时又有收获。但这只能算是近期的、暂时的、局部的目的。体育教学的目的从属于教育的目的，教育的目的是教育人、培养人。教育要充分发挥学生的个性，培养全面发展的人，使他们成为具有创造性、受崇高理想所鼓励而热情奋发的人。这是教育的必然，也是时代提出的要求。所以，教师必须把握整体的教学情绪，将情绪情感培养的一切因素贯穿整个教学活动中，并使这种在教学活动中形成和完善的情绪情感积极有效地影响学生，使学生形成活泼开朗的个性。

（二）体育课堂教学情绪调控的策略

1.教师要用榜样激励、影响学生

榜样作用和人格力量，是教师巨大的精神力量，是影响课堂教学情绪、制约课堂气氛的重要因素，具有很强的作用。在体育教学中，教师既可以把学生看成教育的对象，又可以把学生看成学习的对象。比如，学生思想活跃，朝气蓬勃，积极进取，珍重友谊，团结友爱，群体合作等方面都是值得学习借鉴的。教师可以用自己接受的教育去教育学生，与教育对象一起受教育。这样的人格魅力，越发表现出教育者的真诚，它以一种高阶段情感样式，打破了人与人之间的围墙，唤起了教育对象自觉、积极、肯定的主体意识，从而有效地激发和强化课堂教学情绪，深深地吸引学生。

2.教师要以自己的积极情绪感染学生

为师者要善于控制自己的情绪，无论在课外受到多大的刺激，都不能把消极的情绪带到课堂上，以免影响、干扰正常的教学。教师的情绪对学生具有很强的感染力，体育教师要进行课前情绪准备，除去一切纷杂的思绪，克服与课堂教学无关的消极情绪，有效地实现情绪净化。教师要面带笑容，亲切自然地出现在学生面前，给学生留下"暖色"的印象，这样会使学生心情开朗，满怀喜悦地准备学习和练习；反之，给学生留下"冷色"的印象，会使课堂气氛沉闷、死寂，干扰学生的情绪，导致课堂教学无法达到预期效果。教师在良好的心境下，热情地授课，会增强学生接受知识信息的能力，使课堂气氛进入佳境。

3.设问激疑，保持积极、健康的情绪

教师应对教材内容进行选择加工，挖掘教材包含的情感因素。在教学过程中，教师要适时故布疑阵，恰当地设"障"立"疑"，让学生带着问题去思考，主动对知识、技术进行探索。同时，教师要及时引导学生寻求解决问题的方法，使学生能够运用已有的知识、技能和新的学习内容、方法，攻克难关，从而使学生学有所得，体会成功的愉悦，深化教学情绪。

4.激发竞争的情绪

体育教师应善于利用体育活动所具有的竞赛性和游戏性的特点，根据教学内容和学生的实际情况，激发学生的竞争情绪，强化竞争意识，使学生产生学习的动力。在体育课堂教学中，教师要把握整体教学情绪，有效控制教学。情绪的激发宜高低交错，张弛有度，强弱适度，使学生的"注意力"和"兴奋点"得以持续延展，智力和能力得到开发。教师要在讲解、示范、演练、复习、考评等教学活动中，运用语言激发、目标激发、表情激发、活动激发、情境激发等形式，激发学生的竞争情绪，使学生的思维活跃，行动敏捷，情绪饱满高涨，竞争意识强烈，进而优化课堂教学，提高学习效率。

5.淡化对立的情绪

教师的情绪至关重要。教师心平气和,学生则情绪自然;教师情绪饱满,学生则精神十足,这有助于形成和谐统一的教学气氛。体育教学是在相对宽阔的环境里进行的,学生很容易出现情绪波动、行为任性冲动、不顾后果、精神疲沓、不思进取、行动迟滞等不良情况。因此,当体育教师发现学生不够认真或有不当行为时,不要感情用事或草率地批评、讽刺和挖苦,而是要尽力阻止,耐心指导,听取学生的解释,并问明情况,以便"对症下药"。

体育教学是以身体活动为媒介的教与学。身体活动具有复杂性、多样性、多变性等特征,体育活动具有竞赛性、游戏性、集体性等特征,这些特征能够唤醒人心理上的自我意识,给人情感上的各种体验,引发各种情绪。情绪在体育教学活动中产生并伴随整个教学过程,情绪影响学生的学习态度和积极性,以及教学活动。

因此,体育教师要合理利用情绪功能,善于运用情绪产生的情景性、表现的外显性和影响的感染性,适时、恰当地引导学生的情绪,保持和深化课堂教学情绪,让学生始终沉浸在情绪和思维的交流中,情绪高涨地学习体育知识、技术,进而取得理想的育心、育智、育体的效果。

六、体育教学环境的设计与优化

(一)教学环境对体育教学系统的影响

1.优美的校园景观具有积极的心理功能

第一,心理导向功能。校园景观的布置与设计、校风校貌可以体现出教育者的目的,从而引导全体师生朝正确的方向努力。

第二,心理约束功能。在优美的校园景观中,不文明、不道德、不健康的行为和思想会受到抑制和禁止,进而对社会环境起到筛选和淘汰作用。校园环境的约束功能与择优功能互为表里,无约束则无择优,二者互为前提和结果。

第三,心理暗示功能。教学环境的内容、形式、风格、意向、情趣、氛围等因素会影响学生心理,使学生在不知不觉中受到教育。

2.良好的教学环境有助于激发学生的求知欲，扩大学生的知识面

良好的校园环境不仅能引起学生学习的热情、乐趣和兴趣，而且能激发学生学习的欲望，产生学习的动力，促使学生积极主动地学习与锻炼，从而提高教学效果。

3.适宜的教学环境有利于各种能力的发展

人脑具有信息接收、储存、评价、加工等功能，与外部环境刺激密切相关。校园环境的刺激越合理，人脑的功能发挥得越快，效率就越高。

总之，教学环境对体育教学的影响虽然具有间接性、外在性等特征，但又是巨大的、多方面的，有人甚至说："校园气氛可以决定教育系统的成败。"马克思认为，人的全部发展都取决于教育和外部环境。

（二）体育教学环境的设计

1.日照量的调节

夏天的天气炎热，长时间在太阳下运动身体会受不了，所以要在运动场地周围种植树木，给予学生凉快的环境。

2.防尘

用绿化防尘，就是在上风处种植树木以防尘土。另外，在沙尘来源的裸地上种植树木也可以防尘。被植物覆盖的地面会比实地少约五分之一的"飞尘"量。

3.降低噪声

高树和低树的组合可以形成较为宽阔的绿化带，有阻挡、吸收、分散噪声的功能。另外，地被植物也有吸收噪声的功能。

4.环境的调和与修景

树木具有奇妙的功能，它能以自身旺盛的生命力、安定感，自然人工的调和感，把环境融合成和谐的整体。比如，校舍和运动场之间如果有了树木、草坪、花坛等，两者的异质感就能得到缓和。

（三）体育教学环境的优化

体育教学环境是构成体育教学系统的重要元素之一，对高校体育教学质量有直接的影响。近年来，随着体育教育事业的不断发展，人们逐渐认识到教学环境对体育教学的重要性，希望通过优化教学环境来更好地服务体育教学。

1.当前我国高校体育教学环境的现状

（1）高校体育设施、场地的建设情况

由于体育运动本身具有很强的户外性，各项体育设施、场地的完善程度直接影响着体育教学质量的好坏，关乎学生对体育的认知程度和兴趣培养，所以对于高校体育教学来说，齐全的体育硬件设施和宽阔的场地是保障体育教学活动得以顺利开展的基本条件。

就当前我国高校体育设施及场地的建设情况来看，总体较为乐观，但仍存在一些问题，主要表现为：本科院校由于办学时间较长，无论在财力、物力、人力的投入方面，还是在生源方面，较普通高校都有一定的优势，并且经过近年来对体育设施、场地的不断翻修和维护，使得当前本科院校的体育设施、场地建设较为完善。与本科院校相比，高职院校无论在体育设施的更新换代方面，还是在场地建设方面都较为落后，存在参差不齐的现象，这种现象由多种原因造成，不仅包括资金投入不足、学校领导不重视，还包括不能对体育教学进行准确定位。

（2）学生的体育价值观情况

要想使学生对体育教学有更加理性、深刻的认识，应在体育教学中给学生全面讲解体育的价值和功能，使学生真正认识到体育学习的奥妙，如此，学生才能从心理上更加重视体育这门学科，才能以积极主动的心态参与到体育学习中。当前，在体育价值观教育方面，本科院校比专科院校更为重视，这主要是因为专科院校的学生就业压力大，为能在毕业后谋求到一份理想的工作，将更多的精力用在了专业技能的学习上，逐渐忽略了自身的体育学习，这种情况下，即使学校的体育设施建设再完善，也难以调动学生学习体育的积极性。

2.我国高校体育教学环境的优化途径

（1）完善我国高校体育教学的硬件环境

体育设施、器械、场地等体育教学硬件环境是使高校体育教学得以顺利实施的重要保障，硬件环境不完善是我国目前高校体育教学环境存在差异性的主要原因，而体育教学硬件环境的不完善是因为经费投入不足。

因此，要想完善我国高校体育教学硬件环境，改善体育教学参差不齐的现状，首先要加大体育教学经费的投入。对政府而言，要在坚持区域教育均衡发展的基础上，给予各院校体育教学独立发展的空间,使其能够根据院校本身的实际情况来自由发展本院校的体育教学事业,并在对体育教育经费进行分配的过程中,努力做到均衡、合理和公平。同时,还要鼓励各院校通过引进外资、校企联合等多种形式来筹措体育教育资金,并给予一定的政策支持。对学校而言,要在各级政府的领导下,不断拓宽体育教学经费的来源,通过实行校企联合、场馆运营等形式来多方筹措体育教学经费,加大体育设施、场地的建设力度,对陈旧、破损的体育器械进行必要的维修和更新。对师生而言,不仅要通过对体育教学设计进行优化来提高对现有体育教学硬件环境的利用率,使现有体育教学硬件元素的功能得以充分发挥,满足日常体育教学的需要;还要充分发挥自身的创造力和想象力,通过自制体育器材来改善体育硬件环境不完善的现状。

(2)运用多媒体教学提高体育课堂教学效率

多媒体作为一种先进的教学技术,目前已经被广泛应用于各个学科的教学中,对各学科的课堂教学起到辅助作用。体育教学不仅包括体育技巧训练和身体锻炼,还包括基础的体育知识讲授,集体育理论教学与实践教学于一体,具有较强的实践性。多媒体教学技术通过多媒体图形模拟、视频播放等形式将学生头脑中陌生的动作变得平面化、立体化,以更加生动的形象展现在学生面前,便于学生理解,有利于提升体育课堂教学效率。此外,多媒体教学技术的运用还能够起到活跃体育课堂教学氛围、拓宽学生视野的作用,使学生在轻松愉悦的环境中学习体育知识。

(3)构建良好的体育教学文化氛围

在校园内围绕学生开展一系列的体育文化活动,从而形成一种良好的体育文化精神氛围,这种氛围与学生的生活方式、体育学习状况、校园体育学习风气等互相联系、互相影响。在校园内构建良好的体育教学文化氛围,有助于学生在体育学习过程中形成正确的体育观及认识,对学生的体育学习动机、行为和学习效率都有积极的影响。因此,在日常体育教学中学校和教师要注重构建体育文化氛围,通过校园报纸、广播等形式向学生传授体育文化,并组织形式多样的体育课外活动、竞赛,以加深学生对体育文化的认识。

3.优化体育教学的物质环境和人文环境

(1)精心选择、规划体育活动场地

气候、温度、光线、声音、气味、色彩等物理因素,会直接影响学生的身心活动,使学生产生不同的生理和心理反应。清新的空气、整洁的场地、广阔的空间,能够使学生心情愉快、学习认真、精力集中,较快地掌握动作,提高学习效率。如果让学生在空气污浊、尘土飞扬、卫生情况较差的环境中学习，学生就会精神涣散，从而影响教学效果。

作为体育教师，要充分做好课前的场地准备工作。通过巡视，精心设计、合理布局。良好的教学环境具有很强的凝聚力，它可以通过自身特有的影响力，将学生聚合在一起，使他们产生归属感和认同感，以及舒适、愉快的感觉。

（2）巧妙选择、组合体育活动器材

作为教学环境的重要组成部分，体育教学设施不仅直接影响和制约着体育教学活动的进展，而且通过自身的外部特征给学生带来不同的刺激。比如，体育器材布置错落有致、整洁有序，会给学生一种愉快、轻松的感觉。教师要充分备课、熟悉教材，对场地、器材进行科学合理的布置，为学生创造一个良好的练习环境，刺激学生参与教学过程；调动学生多重感官的积极反应，使学生在认知过程中，感知和理解信息，对学习情绪、教学效果、教学质量产生良好的影响，从而达到预期的教学目的。活动器材的选择、搭配是优化体育教学环境的重要内容。色彩的合理搭配，可以提高学生的兴奋性。红色使人兴奋，绿色使人平静，单调的色彩使人感到沉闷，不同色彩可以使人产生不同的心理感受和情感体验。比如，对不同颜色的体育器材进行合理搭配会给人一种跃跃欲试的感受，特别是低年级学生，通过各种颜色的搭配，激发他们学习的积极性。

（3）构建新型的师生关系

体育教育同样是精神的播种，学生收获的不仅仅是知识和技能。在体育教学中，师生平等是教育活动的基础和出发点。只有平等对话、相互理解的师生关系才是真正符合人性的师生关系。所以，作为体育教师，要改变以往"教练式"的严肃面孔，以平等对话的方式和学生互动交流。人与人只有在平等的基础上，才能敞开心扉，真诚地进行对话、沟通，从而达到相互理解的境界。

沟通是体育教学新型师生关系的主导趋向。沟通不仅是信息的双向流动，还是交往的双向理解和包容。师生在沟通的过程中协调了彼此的情感与行为，增加了智慧，丰富了生命的体验，体会了生活的意义。体育教学活动过程不仅仅是知识的传授过程，还是人与人之间的交流过程。

体育教学要尊重个人的具体性和特殊性。学生的身体素质各异，如何按照《国家学生体质健康标准》帮助每一个学生获得体育素养，是每一个体育教师迫切需要研究的内容。体育教师要在平等沟通的基础上去理解学生的生活与精神世界。

（4）建立良好的人际关系

体育教学环境会对学生的人际交往产生一定的影响。教师和学生之间的关系、学生和学生之间的关系，交织在一起，形成了教育环境中的人际环境，影响着师生的情绪和认知行为。建立良好的人际关系，形成积极健康的集体舆论，有利于学生体育能力的发展和体育意识的提高，从而提高体育教学的质量。

体育教学中，由于学生体育素质存在差异，很容易形成特定的心理。比如，体育素质好的学生扬扬自得，体育素质弱的学生自暴自弃。体育教学的现场效应和结果的公众效应，导致很多学生随着年级的升高对体育学习产生了畏惧心理。作为体育教师，要把握好教育教学的具体性和特殊性，在宽阔的操场上营造一种相互欣赏、彼此肯定的评价氛围，让每一个学生的发展都能得到鼓励和赞扬。

由于体育活动具有竞技性，"竞争"和"挑战"在体育教学中都会让学生激动。每周几节体育课，学生都会经历挑战与竞争，有个体的，也有集体的。如何鼓励个体"永不言败"，如何帮助学生形成"互帮互助""互相勉励""彼此鼓劲"的集体氛围，如何形成集体中"一个也不掉队"的团队精神，这需要体育教师在每一节体育课堂教学中都拥有一个时机。另外，小组合作是体育教学中常用的组织形式，如接力、游戏、运球等运动。体育教学可以巧妙地利用这种组织形式，在教育教学中既培养了学生的合作意识、合作能力，又培养了学生为了共同的目标而努力、不甘落后的拼搏精神。

优化人际环境，建立学生个体之间、班级之间、群体之间和师生之间的融洽关系，特别是教师与学生之间的融洽关系，能使学生在体育活动中得到心理上的满足，从而获得良好的教学效果。给学生创造良好的体育环境，开展形式多样的体育活动，能帮助学生建立良好的人际关系，从而使学生的身心获得健康的发展。

第三节 体育教学的问题与对策

一、体育教学存在的问题

在高校教学中，体育学科是一个重要的学科，是培养学生全面综合发展的重要手段。体育教学能够为学生提供优越的学习与活动环境，有助于提高学生的创新意识与创新能力，培养学生的创新思维。体育课程不仅具有与其他课程一致的属性，而且体育课程自身也具有鲜明的特征。近年来，随着教学改革的推进，为了满足社会对体育的需求，培养学生的创新精神与创新能力，体育教学创新与改革已经成为必然趋势。

（一）高校体育教学的现状

1.体育教学方法过于落后

一方面，传统的体育教学对体育理论知识不够重视。在我国高校体育教学中，体育课程主要倾向于传授体育技能，授课地点多选在篮球场、操场等户外场所。这种教学环境人多、喧闹，体育教师在授课过程中更多地采用方便观察和学习的传统教学方法——体育教师示范，学生模仿与学习。体育教学理论知识对学生技能的学习起到基础性作用，学生通过学习体育理论知识能更好地掌握体育技能要点，但是传统的体育教学方法只重视技能不重视理论，在教学中很难取得显著的教学效果。

另一方面，传统的体育教学方法贯彻了传统的体育教学观念，通常只重视教师的主体作用，而忽视了学生主观能动性发挥的作用。当前，虽然素质教育与创新教育并行推进，但传统的体育教学方法仍使高校学生故步自封，很难进行创新和改进。通常情况下，学生在体育活动中处于被动、消极和被压制的状态，部分高校学生甚至对体育学习产生了抵触。体育教学本该是富有活力与生机的，但是学生在课堂中却缺少了积极性和主动性，这不仅不能促进高校学生体育能力的发展，还会导致学生失去表现自我的机会，不利于其综合能力的提高。

2. 体育成绩评判标准不合理

我国高校体育课程主要以检测作为课程考核的方式。换言之，体育教师以特定的一项体育技能为测试题目，并设置相应的达标要求，以测试学生的体育成绩。由于学生素质水平不同，体育技能方面存在着差异性。高校体育教学中一些身体素质较差的学生，虽然学习很努力，但是体育成绩仍然不能达到教师设置的标准，不能通过考试。这部分得不到教师认可的学生，会对体育课失去兴趣，学习的积极性和主动性也会大打折扣，久而久之，会对体育课产生强烈的反感情绪。

3. 体育教学硬件条件不完善

高校体育教学对硬件设施的要求相对较高，高校体育教学包括体育技能的学习与讲授，因此需要给师生提供与教学内容相匹配的场地、器材。比如，培训学生篮球技能时，要给学生提供篮球场地。不过，当前高校体育教学最突出的问题是资金投入短缺，体育教学的场地与器材不完善，导致部分体育课程无法正常开展，针对此种情况，有些学校采用视频录像的形式教学，有些学校则直接放弃此部分体育课程，无论哪种方式，都严重阻碍了高校体育教学的发展。

4. 体育教学资源配置不合理

目前，高校体育教学存在着体育教学资源配置不合理的情况，严重地影响了高校体育教学的质量，这是因为高校体育教学没有与市场需求紧密结合。高校培养的体育人才主要是为社会需求服务的。随着我国体育事业的发展，体育市场的需求也在不断地发展变化，高校只有结合体育市场的需求合理地配置体育资源才能提高体育人才的培养质量，确保学生的长远发展。但是，由于高校体育教学忽视了这一点，从而影响了体育人才的培养质量，不利于学生的长远发展。

（二）影响高校体育教学创新的因素

1. 学生自身的原因

学生自身的因素是影响高校体育教学创新最主要的因素。学生是否参加体育活动、对体育活动的兴趣是否稳定、能否充分发挥其丰富的想象力等，都会直接影响高校体育教学活动的实际效果。如果学生都不积极主动地参加高校体育活动，那么，即便学生拥有再好的体育天赋，也不会在高校体育教学活动中表现出来。学生的学习兴趣也极为关键，这是因为兴趣作为学生最好的"老师"，不仅是一种自觉、主动的动机，还是学生积极参与体育活动并进行创新发展的重要前提。学生参与体育活动的兴趣一旦被激发出来，他们就会集中注意力，进而产生愉快的心情，其坚强的意志力也就得到了锻炼与提高。在高校体育教学活动中，如果学生善于多思、多想，一旦有适当的时机，就会以某种具体形式表现出来，并在大脑中不断产生新的形象和新的思维。

2.教师的原因

教师素质的高低是影响高校体育教学创新的重要因素。在高校体育教学活动中，创新的主体是学生，教师只是调动学生学习积极性和主动性，并帮助、指导学生发挥自己创造能力的引领者。因此，学生的创造能力能否得到充分发挥受教师素质高低的影响。这就要求高校体育教师必须了解、掌握学生的心理与学习情况，适时指导和帮助学生，不断开发学生潜在的创造力和想象力，进而实现体育教学创新。当前，我国很多高校体育教学方法比较单一，导致很多学生产生了厌学情绪，创造力和想象力也逐渐下降，形势不容乐观。因此，教师要给学生提供一个广阔的学习空间，让学生结合自己的爱好进行体育活动，这样有利于发挥与培养学生的体育创造力和想象力。

（三）高校体育教学创新的必要性

1.引导体育教学方法变革

教学思想决定着教学方法，在具体的体育教学活动中，教学方法所具有的效能与作用由不同的教学思想指导与决定。在体育教学中，教师使用的教学思想不同，产生的教学效果也就不同。随着社会不断地发展变化，体育教学思想也随之变化与创新，从而影响教学方法的改革与发展。

当前高校体育教学逐渐向教师为主导、学生为主体的方向发展，关注体育教学的整体效用，推动与实现学生的全面发展。因此，高校体育教学必须坚持现代化的教学思想与教育理论，保证自身先进的教学思想、科学的教学原则和正确的教学方法。此外，现代信息技术的发展和环境的变化，决定了高校体育教学方法的创新与变革成为必然趋势。

2.构建新型师生关系

新型的师生关系是教师与学生在民主、平等、理解和尊重的基础上积极建立的一种合作关系。这种新型的师生关系强调教师与学生之间的合作，脱离传统的管与被管的关系，建立主动、协调、双边的关系，教师不再是传统体育教学中的说教者和领导者，而是学生学习体育知识的引导者，双方的关系是平等的。未来良好的体育创新环境必须以新型的师生关系为前提，在丰富且具有创新性的活动中提高学生的创新能力。

在高校体育教学中，体育教师还要转变教学中以讲为主的思想，让学生积极主动地参与到课堂教学中，通过互动充分展示学生的才能与个性，使其成为课堂的主体。教师在体育教学创新过程中应充分发挥学生的主体作用，鼓励学生，调动学生的积极性、主动性和创造性，调动学生的参与意识，保护学生的好奇心。

3.体现现代化信息设备的应用价值

随着现代科学技术的快速发展，传统单一的课堂教学格局受到了巨大的冲击，现代教学技术在高校体育课堂中的应用逐渐取代了传统的课堂教学方法。高校体育教学中采用现代化科技，将教学内容由平面转为立体，由静止变为运动，将枯燥的文字转变成生动的声音影像，极大地增加了课堂教学的趣味性与生动性，有效地调动了学生的积极性与主动性。计算机、多媒体在高校体育教学中的应用，切实改变了体育课堂教学，培养了学生主动获取、运用及处理知识的能力，并创造了超越时间、空间的课堂形式，推动了体育教学领域的创新发展。

二、体育教学创新的策略

（一）对体育教学资源进行科学的配置

在高校体育教学中，为了进一步提高教学质量，应对体育教学资源进行科学的配置。教师应该坚持以下几点原则：

1.全程化原则

在体育教学中，教师应将体育教学的全过程进行阶段划分，如基础理论教学阶段、专业实践认知阶段、专业实训训练阶段。根据不同阶段的教学目标对学生进行科学的教学，确保各个阶段的体育教学质量。

2.市场化原则

体育人才的培养，需要满足市场需求。因此，教师应充分结合体育市场的需求，积极地引进先进的教学资源，同时，教师应对体育课程教学大纲进行相应的调整，从而保证高校体育教学资源配置的合理性。

3.融合化原则

高校体育教学应形成点、线、面、体相结合的实践教学体系，换言之，高校应将体育基础课程和实践课程的资源进行有效融合，有助于充分调动学生学习的积极性，从而实现最佳的体育教学效果。

（二）创新高校体育教学方法

在高校体育教学中，创新教学方法是非常重要的，这也是保证学生体育学习质量的关键。教师应该认识到传统教学方法的弊端，从而结合学生的兴趣爱好和体育学习情况创新教学方法。教师可以采用以下创新型的教学方法：

1.合作探究法

合作探究法，是指在高校体育教学中，教师在讲授体育动作要领之后，鼓励学生组成学习小组，以学习小组的形式进行探究。这种方式可以充分调动学生体育学习的积极性，在探究的过程中也会更快速、更准确地掌握相应的体育动作要领，有助于提高学生体育学习的效率。

2.竞赛教学法

学生具有较强的好胜心，教师可以充分地利用这一点开展高质量的体育教学。比如，在教学游泳时，教师可以在学生练习熟练后，组织一场游泳竞赛，学生对于游泳竞赛会非常感兴趣，也能积极地参与进来，并且在参与的过程中进一步掌握游泳的动作要领，有利于学生的长远学习。

3.多媒体教学法

多媒体具有非常显著的优势，它不仅能展示海量的教学资源，还能回放和慢放体育动作，学生通过观看，能提高体育学习的质量。在高校体育教学中，有很多体育项目的动作非常难。比如，学习篮球时，单纯依靠教师的讲解学生是无法快速掌握技巧的，教师可以利用多媒体，在多媒体上播放视频，将动作细化，使学生能够全面地了解篮球的动作要领，有效地提高学生的课堂学习效率，充分地调动学生体育学习的积极性。

4.体验式教学法

应用体验式教学法的主要目的是调动学生多种感官的参与性。比如，学生可以通过动手、动口、动脑来获取体验的感受，以培养自己的实际操作能力，激发自己的创新欲望，打破自己的思维模式，激发自己的创新思维。另外，在运用体验式教学法的过程中，师生和生生之间是多维互动的，可以有效地拉近师生之间的距离，有利于高校体育教学工作的顺利开展。

（三）高质量地开展体育实践教学

在高校体育教学中，教师应该格外重视体育实践教学，并且结合实际的教学情况合理设计实践教学，以提高实践教学的质量。教师应该做到以下两点：

（1）合理安排实践教学的课时。实践教学与理论教学的课时比例应该控制在1：2，即上2节体育理论课，应该配1节实践课，使学生在理论知识学习后，能通过实践快速地掌握相应的体育动作要领。比如，在足球理论课教学后，教师应要求学生进行实地演练，学生在演练的过程中，教师需要密切地观察学生，了解学生在动作方面存在哪些问题，并且及时指出。此外，教师还应该注意培养学生的应变能力，通过科学的实践教学，有效地提高学生的体育学习质量。

（2）教师应鼓励学生积极参加课外实践，使学生在参加课外实践的过程中不断提高自身的专业素质，并积累丰富的实践经验。通过有效的实践，学生能够将体育理论知识转化为实践技能，有助于提高学生的市场竞争力，对学生的长远发展非常有利。

（四）完善的高校体育教学理念

教学成果与教学理念有着紧密的联系。高校体育教学应遵循"以人为本"的理念，教学思想应以"学生"为中心，将塑造健康身体与健康体魄融入教学中。首先，将学生视为教学主体，实现快乐教学。其次，以培养学生健康的身体素质为教学目标。随着社会各界对健康的重视，特别是学生正处于成长发育的重要阶段，身体具有很强的可塑造性，需要抓好学生的健康体育思想教育，顺应体育教学情境，在各个体育教学环节中融入体育教学思想。针对不同的学生因材施教，区别对待，并根据学生的心理、生理特点，结合学校的实际情况与体育专业知识，实现学生学科知识、技术与技能等多方面的协调发展。最后，健康的身体是完成学业和参加工作的基础，能够为促进社会经济的快速发展提供不竭的动力。因此，高校体育教学应当重视培养学生的身体素质和运动技能，并将之作为最终的教学目标。

（五）构建完善的、科学的体育课程考核体系

与传统的体育成绩考核评价方式相比，高校应采取更客观、更科学的综合评价方式。高校应结合学生身体素质的实际情况，尊重个体差异，照顾学生体育学习的积极性，改革现有的体育课程考核方式，构建完善的、科学的体育课程考核体系，综合评价学生的身体素质和课堂表现。同时，还可以将体育理论知识列入考核中，实现体育课程考核的公平性、规范性和科学性。高校在落实体育课程考核工作的过程中，要以学生的体育能力与健康水平作为考核重点，注重形成性考核和总结性考核，将考核贯穿于整个教学过程中。同时，还要将动态性考核和静态性考核有效结合，确保体育课程考核的动态性。在考核过程中，要制定显性指标和隐性指标。显性指标是学生的理论成绩和运动成绩，隐性指标是学生的体育意识、体育兴趣、体育精神等，还包括社会性发展等非体力因素。用此方式考核学生，应强调对体育教学的人文思想、体育文化进行综合评价。

（六）培养健全的高校体育教师队伍

体育教学方法的创新建设，在一定程度上，受体育教师综合素养的影响。体育教学方法的改革不仅是体育教学内容多样化的发展需求，也是满足大学生思想和心理健康、技能技术、健康意识等全面发展的需求。体育功能的多样性迫切需要一支综合素质强的师资队伍。在高校体育教学中，教师承担着不断研究教学方法的使命，在教学中不断提高自身素质，逐渐实现体育课堂学生的主体地位，实现体育教学的趣味性、生动性。针对此种情况，学校除了建立健全体育教师队伍外，还应当加强体育人才的引进力度，特别是教学经验丰富与专业综合素养强的教师。

（七）增加面向未来的教学内容

过去，高校体育教学内容以解决过去和现实的体育问题为重点。未来，高校体育教学内容改革，应在探索中解决学生未来在健身时遇到的问题。比如，体育理论课不但要传授现实中体育锻炼、养护和观赏的知识，还要积极探索传授未来社会所需的相关内容，找到高校体育与社会体育的连接点。其中，理论教学可以比实践教学超前，这样能预测未来社会发展对体育的新需求，真正使体育教学富有前瞻性。比如，体育实践课应在每一项基本技术教学后，师生侧重研讨其终身的身心锻炼、身心健康养护的原理和方法，尤其是要认真研讨如何提高社会上人们的健康水平。我国高等教育及其中的体育教育，要主动适应改革，要关心和重视增进人类"社会健康"的大问题。如果高校只注重研究

微观的健康，忽略对宏观健康问题的探索，即使微观健康搞得再好，也不能抵制因社会大环境污染给人类健康带来的致命危害。因此，未来高校的健康教育一定是宏观与微观相融合，这是提高我国高校体育教学水平所必需的。体育与健康教育内容的结合是体育向综合性学科发展所必需的，是提高其自身"全面"增进人的健康的可能性、可信性所必需的。教学内容改革，把有关内容的过去、现在、未来的知识和技能有机地联系起来，使高校体育教学改革始终处在社会对体育需求的前沿位置上，这是高校体育在新世纪改革与发展中的重中之重。

第二章 体育教学的方法

第一节 讲授法

从体育教学艺术的理论领域转入体育教学具体实践的操作领域,其中一个重要的环节就是体育教学运作技巧,即体育教学艺术方法问题。按教学双边活动及其关系,可以分为讲授法、学练法、课堂调控法三大类,每一大类还可再分层分组。

一、思想政治教育与发展个性的方法

思想政治教育是体育教学目标的重要组成部分。在体育教学中,加强思想政治教育,发展学生良好个性,对培养社会主义建设人才、建设社会主义精神文明具有重要的意义和作用。具体要把握以下两点:

(一)思想政治教育与发展个性的内容特点

第一,思想政治教育与发展学生个性是统一协调的教育过程。个性又称"个人心理特点",是指个人比较稳定的心理活动特点的总和。个性有广义和狭义两种含义:广义的个性指人的整个心理结构,个性即人;狭义的个性即个性倾向性,包括需要、动机、兴趣、理想、信念和世界观等。思想政治教育必须掌握学生的心理活动规律,重视学生的个性倾向性、个性心理特征及心理过程。思想政治教育过程也是发展学生个性的过程,要想发展学生的个性,必须进行思想政治教育。

第二,必须在运动和交往过程中让学生接受思想政治教育并发展其个性。思想政治

教育与发展学生个性是一个知、情、意、行的心理过程，也是一个教、导、学、练的教育过程。认知是学习的基础；情感与意志是学习的内部动力和精神支柱；行为是知、情、意、行的综合表现，是教、导、学、练的有机统一。所以，体育教师应把握时机，让思想政治教育贯穿体育教学过程，使之影响体育教学的各个环节。

第三，必须将外界教育与自我教育相结合，并对学生进行塑造，助其养成良好习惯，转变个性特征，使其形成良好的思想教育观。

（二）思想政治教育与发展个性常用的方法

1.说服法

说服法是通过摆事实、讲道理来提高认识，以影响学生言行的一种方法。这是一种最基本的方法，由讲解、座谈、讨论、对话等一系列具体的方式构成。

2.榜样法

榜样法是教师用他人或自身的模范行为和典型事迹教育学生的一种方法。由于学生在思想政治观和个性的形成过程中模仿性和可塑性较强，所以榜样对学生具有很大的感染力和说服力，具有其他方法难以替代的特殊作用。

3.评比法

评比法是通过对学生在体育教学中的思想行为和作用进行比较、评价，以此表彰先进、激励后进的一种方法。运用评比法时应注意三点：首先，要有明确的目的。评比本身不是目的，而是一种教育手段和方法，评比前教师要明确预期的效果。其次，要有具体的评比条件。比如，学生在体育教学中对行为规范、课堂常规、运动技能和运动规则的掌握等。评比条件要简明、具体，以利于公平竞争。最后，要重视检查、验收、公布与总结，注意总结的全面性和结果的准确性、公正性。

4.表扬法

表扬法是对学生的优良思想和行为作出肯定评价，用以巩固与强化教学效果的一种方法。表扬包括赞许，赞许是对学生的品行和个性表现表示赞同和称赞，通常用口头语言或点头、微笑等表情来表达。运用表扬法时应注意三点：首先，教师应及时地给予肯定和强化，以增强学生的上进心和自尊心；其次，不仅优秀生需要被表扬，后进生也需要被鼓励，教师应为后进生创造受表扬的机会，并善于发现他们身上的"闪光点"，点燃其自尊的火焰，增强其学习的信心；最后，表扬不能太夸张，表扬的同时要适当指出其缺点和不足。

5.批评法

批评法是对学生的不良思想、行为和个性表现作出否定评价，用以克服和改正他们的缺点和错误的一种方法。批评法包括个别批评、当众批评、口头批评与书面批评。运用批评法时，如果教师发现学生，尤其是女学生在听了讲解、看了示范和练习之后有伸舌头、缩脖子、捂嘴巴等动作，说明学生已经意识到自己不对或动作完成得不好，如发生这种情况，一般不需要再点名批评。

二、传授体育知识与技能的方法

传授体育知识与技能是体育教学的基本任务。传授体育知识与技能，有利于学生树立正确的体育观，提高体育文化素养，增强体育意识；有利于提高学生参加体育锻炼的自觉性和积极性；有利于提高学生自学、自练、自娱的能力，为终身从事体育锻炼奠定良好的基础。具体要求有以下两点：

（一）传授体育知识与技能的特点

第一，传授体育知识与技能需要进一步发挥教师的先导作用。首先，教师要引导学生端正学习态度，解决"为什么要学"的问题；其次，教师要教授学生学习方法，解决"怎样学"的问题；最后，教师要让学生理解"为什么用这种方法"，使学生"知其然，又知其所以然"。

第二，传授体育知识与技能强调将感知、思维与实践活动紧密结合。这是由人类认识的规律和动作技能形成的规律的客观要求所决定的。

第三，传授体育知识与技能的途径、手段具有多样性和丰富性。现代教学极为重视并广泛运用多种信息传播媒介和手段，使学生的听觉、视觉等器官的功能被最大程度地调动起来，并积极地参与教学活动，提高教学效果。

第四，传授体育知识与技能重视整体的高效性。传授体育知识与技能的效果会受到多种因素的制约与影响，包括社会需要的因素、心理方面的因素、生理方面的因素等。教师在传授体育知识与技能的过程中，只有从整体效益出发，分析上述各个因素相互影响与相互作用的辩证关系，选用适合有效的方法，优化教学过程，才能不断地提高教学质量。

（二）传授体育知识与技能的常用方法

1.语言法

语言法是教师在教学过程中，运用不同形式的语言进行教学，使学生掌握学习内容并指导学生进行练习的一种方法。具体操作如下：

（1）讲解

讲解是指教师运用语言向学生说明教学目标、动作名称、要领、做法及要求，以指导学生掌握体育知识、技术与技能，并进行练习的一种方法。

讲解的要求包括：讲解目的应明确；讲解应通俗易懂、精练生动；讲解要富有启发性；讲解要注意时机和效果；集中讲要精，个别讲要透，重点突出、反复地讲。此外，当学生情绪低落时，教师的讲解要有感染力，富有感情色彩；当学生情绪高涨时，教师要压低语调讲解，放慢速度，以安定、控制学生的情绪。讲解最基本的要求是正确无误，表述要明确，并具有艺术性。

（2）口令

口令是指用最简明的语言，以命令的方式，指挥与组织学生完成集体活动与练习的一种方法，如队伍调动、队形变换、基本体操、武术、舞蹈等练习，都需要运用口令。口令是体育教师的基本功，口令的运用不仅会影响学生练习动作的质量，特别是集体练习动作的质量，还会影响学生的心理状态和教学的正常秩序。教师使用口令要做到准确、节奏分明、富有力度，以便有效地组织学生练习。

（3）指示

指示是指运用较为简明的语言，用比较平和且区别于口令的指定性方式进行指导教学的方法。比如，体育课堂，教师常根据内容需要发出诸如"开始""再做一次""收腹、抬腿""再放松些""跑步归队""把器材收拾好"等指示。指示的运用要求教师的语言要清晰、坚定，指示要及时、准确。

（4）口头评定成绩

口头评定成绩是指在教学过程中，教师依据教学目标和动作的规范标准，用简短的语言，以口头方式及时评价学生成绩的一种方法。比如，学生在练习过程中或完成动作后，教师以肯定或否定的语言说"很好""好""不太好""不好"等，及时给予成绩评价。评价应以鼓励为主，但也要指出缺点和不足。教师可以说"克服了这个毛病，效果会更好""再试试看"等。

（5）默念和自我暗示

默念和自我暗示是引导学生用无声的语言来控制与强化身体练习的一种特殊方法。这种方法可以在头脑中激起有意识的活动，提高对动作技术的深入理解，并准确调节活动。默念是在做动作之前默想整个动作过程、动作重点、某些时空特征等。自我暗示是以暗示默诵某些比较简略的指示性词句来激励自己更好地完成动作，如"加快""用力""稳住"等。

2.直观法

直观法是指在体育教学中，借助视觉、听觉、触觉和肌肉感觉等感觉器官来感知动作的形象、结构、要领、完成方法和时间与空间的特征等，以建立正确的动作表象的一种方法。

3.完整法

完整法是指从动作开始到结束，不分段落和部分，完整地传授动作技术的一种方法。完整法的优点是便于学生完整地掌握动作，不会破坏动作技术的结构和动作技术之间的内在联系。完整法的缺点是学生不能快速地掌握动作技术中较为困难的要素和环节。完整法一般是在动作技术比较简单，或动作技术虽然比较复杂，但分成几个部分会破坏动作技术的结构时采用。

运用完整法时需注意：教授简单的动作技术时要结合讲解示范；教授复杂的、困难的完整动作技术时，可先突出重点、难点，再逐步教授细节部分，或者先降低练习的难度与强度，采用各种辅助性或诱导性练习，发展相应的身体素质和运动能力，逐步引导和过渡到掌握完整的动作技术。

4.分解法

分解法是指将一个完整的动作技术，合理地分成几个部分，然后按顺序进行教学，最后学生完整地掌握动作技术的一种方法。分解法的优点是可以化繁为简，缩短教学时间，提高学生学习的信心，从而使学生较快地掌握动作技术。分解法的缺点是容易割裂动作技术，破坏动作技术的结构，从而影响动作技术的形象。分解法一般是在动作技术较复杂，但用完整法分解学习又较困难的情况下采用。

运用分解法需注意：分解动作时莫忘动作技术的内在有机联系；明确分解后各部分在完整的动作技术中的序列与位置；分解后各部分教学的先后顺序可按照实际情况调

整，可以顺进学习，也可以逆进学习，还可以从中间部分学习；分解时间不宜过长，尽可能与完整法结合运用。教学过程中，经常采用完整—分解—再完整及其反复的形式进行。

5.矫正法

矫正法是指教师针对学生在练习时出现错误动作的原因，选择最有效的手段，及时矫正错误动作的一种方法。一些优秀的体育教师，凭借着丰富的教学经验，运用高超娴熟的纠错技艺，帮助学生矫正错误动作，具有艺术创造精神。

三、发展体能的方法

发展体能的方法是指在体育教学过程中，为了达到发展体能、锻炼身体和增强体质的目的，教师所采取的各种运动动作的方法。体能包括身体素质和基本活动能力两个方面。身体素质是指学生在体育运动中各器官系统表现出的各种机能能力，如速度、力量、耐力、灵敏、柔韧等。基本活动能力一般是指学生在体育运动中表现出来的机体能力，即走、跑、跳、投、攀爬、悬垂、支撑、搬运、负重、平衡、翻滚等。发展体能对增强体质，提高运动技术水平，提高日常生活和生产劳动能力都具有重要意义。

（一）发展体能的特点

第一，发展体能是以运动动作的实践为基础的，这是体育教学突出的特点，要求学生在体育教学中反复练习。

第二，发展体能必须科学地安排生理负荷。教师要控制与调节负荷和休息两个基本要素，做到因人而异，区别对待。

第三，发展体能选择的内容与方法要具有全面性、多样性，以避免单调、枯燥的练习，提高学生学习的趣味性和锻炼的积极性。

第四，发展体能要贯彻渐进性、迟效性原则。急功近利、急于求成的做法是不符合发展体能、增强体质的规律。

（二）发展体能常用的方法

1.练习内容安排法

练习内容安排法是以科学性为基础来安排练习和考评顺序的艺术方法。

（1）安排练习顺序

正确、巧妙的练习顺序是有讲究的，灵敏性、协调性、技术性强的项目和新授课程要安排在课的前半部分，学生容易正确掌握；在既有速度练习又有力量练习和其他练习内容的课程中，从发展素质角度讲，一般是"灵敏—速度—力量"，要把灵敏、速度练习安排在课的前半部分，将力量练习安排在课的后半部分，并且在力量练习之前和练习之间安排一些柔韧性练习，以使肌肉、关节和韧带都能得到充分的舒展，这对发展力量素质有辅助作用；在强度较大的负重练习后，为防止肌肉僵硬，以及尽快恢复，应立即进行肌肉放松活动。

（2）安排考评形式和顺序

对学生进行体育成绩考核，可采用分组轮换考评法；自由组合考评法。此外，在男女生合班可采取先男生后女生的顺序；对一些动作难度较大、具有一定危险性的考评项目，可安排基础条件好、动作技术掌握熟练的学生先进行考评，这会对其他学生的考评起到良好的示范作用。

2.负重法

负重法是指运用重物进行练习，以锻炼身体、发展体能的一种方法。主要手段有：物体负重练习，可选择一定的重物和器具来练习，如杠铃、哑铃、沙袋、实心球等；克服自身重量的练习，如引体向上、倒立推肩、立卧撑、俯卧撑、双腿下蹲等。负重法在身体训练中的运用非常广泛。

运用负重法时需注意：动力与静力、大肌群与小肌群、快速力量和慢速力量相互结合、交替进行、综合运用；负荷重量一般是学生本人最大绝对力量的 2/3；进行较大强度的负重练习时，要及时放松肌肉。

3.持续法

持续法是指在相对较长的时间里，用较稳定的强度，不间歇地连续进行练习的一种方法。持续的目的在于控制生理负荷，使其保持在一定的水平上，使学生的身体得到锻炼。持续法的特点是历时长，但强度不大。运用持续法时需注意：坚持区别对待，因人而异；控制好负荷强度与时间长短；持续与间歇相结合；要循序渐进、逐步提高；结合练习给予学生吃苦耐劳、勇敢顽强、拼搏进取的意志品质教育；让学生掌握持续法，提高自练、自控的能力。

4.间歇法

间歇法是指根据对象、锻炼项目的特点和生理负荷的大小，调整与控制各练习之间的间歇时间，以提高体能效果的一种方法。间歇不仅是为了休息，还为了强身健体。运用间歇法时需注意：教师要根据实际情况调整间歇时间，避免负荷过大或过小；对身体基础较好的学生，可严格按照间歇时间进行，即在两次练习之间的间歇时间，应控制在机体尚未完全恢复状况内，以便取得超量恢复的效果，具体可控制在每分钟心率不低于120次；间歇时主要采用积极性的休息方式，如走步、慢跑、放松，以加速排除乳酸，恢复体力。

5.游戏法

游戏法是指教师组织学生在游戏规则许可的范围内，充分发挥个人的主动性和创造性，以完成预定任务的方法。

6.综合法

综合法是指将上述方法在教学中结合起来并加以运用的一种方法，它可以根据教学与发展体能的需要，组合成多种练习方案。

7.巡回法

巡回法是指根据教学要求，选择若干练习或动作，再分设若干作业点，要求学生在每个作业点上完成规定的练习量，一个接一个地进行作业点的轮换，循环往复地进行练习的一种方法。巡回法包括轮换式和流水式两种方式。

第二节 学练法

一、自学法

自学法是指由学生自己学习有关体育的基础知识，领会、掌握动作要领、技术环节与特征的一种方法。具体方式如下：

（一）阅读法

1. 阅读法的含义

阅读法是指学生通过阅读体育教材、体育动作图解和其他体育保健书籍，以感知与理解体育基础知识与动作技术原理的一种方法。阅读法的要求有：第一，把握要领、摒弃累赘；第二，加深对动作方法的领会；第三，掌握动作保护和自我保护的方法。

2. 阅读法的指导

教师在学生阅读体育教材后，推荐一些适合学生阅读的体育运动常识和体育保健知识等方面的著作和文章，使学生通过阅读获得更多的体育理论和卫生保健知识，以扩大知识领域，提高体育文化素养。教师要教会学生读书，指导学生自学体育图解类的资料与文献，如果能边读边实践，效果更佳。

（二）观察法

1. 观察法的含义

观察法是指学生通过感官对即将学练的内容，进行有目的、有计划的感知，初步建立动作概念和表象的方法。观察法可以获得直接动作形象和间接动作形象，但要求学生集中注意力，建立大脑细胞的优势兴奋中心。观察法要求学生全面、周密、系统地观察，有足够的观察次数；观察的对象是标准化、规范化的动作模式。

2.观察法的指导

观察法的要点是使学生明确观察目的。俗话说:"会看的看门道,不会看的看热闹。"教师要教会学生在观察中启动思维;要教会学生观察的方法;要运用各种手段和方法提高学生的观察能力;要充分发挥学生的视觉、听觉、触觉功能,提高观察质量。

(三)参观法

参观法是指学生直接认知有关事物或现象的一种学习方法。参观中有观察,但参观不能代替观察。观察侧重对个别事物或现象的认识,必要时也要观察事物的各个方面或全过程;参观则是一般性、综合性的。参观的类型主要有:授课前的准备性参观、边参观边讲授的并行性参观、学完课程后的总结性参观等。

(四)比较法

比较法是指学生就体育知识的某一问题,收集相关学习资料,进行对照学习,兼取各家之长的一种分析综合方法。

(五)讨论法

讨论法是指学生根据教师提出的问题,在集体中相互交流个人看法,相互启发、相互学习的一种方法。比如,篮球教学间歇时,对技术、战术的分析讨论等。

二、自练法

自练法是以学生自身的独立活动为主,有目的地反复进行某一身体练习的一种方法,它是学生掌握体育知识、技术和技能最基本的实践操作活动和方法。从自学到自练,是实现"教是为了不教"目的的重要步骤。

(一)自练法的具体内容

1.模仿练习法

模仿练习法是指模仿别人提供与演示的动作模式,从而形成动作技术与技能的简便有效的方法。

2. 适应练习法

适应练习法是指通过再现性练习，使自身的生理与心理等方面产生适应性变化，为更好地学习与掌握基本知识、基本技术、基本技能创设最佳条件的方法。"熟能生巧"，通过无数次的反复实践，学生能获得深刻的动作体验，形成良好的生理与心理定式。

3. 反馈练习法

反馈练习法是指为了了解与掌握动作模式与实际演练的目标差，不断地获取反馈信息，以加强自我诊断与自我矫正，不断地改进与提高动作技术的方法。

4. 强化练习法

强化练习法是指在反复练习的基础上，通过自我强化手段，创设一个复杂多变的外部环境，运用超短反馈（自我反馈）的方法，进行高难度、高强度的学习和练习的方法，其目的在于使已掌握的技术和技能形成动力定型和动作技巧、技艺。

5. 应用创新法

应用创新法是学习方法的最高层次和最终追求目标，它既能在实际生活或游戏比赛中运用，又有所创新、有所发明。

（二）自练法的指导方法

自练法的指导方法有：提高学生对自练法重要意义的认识，以便激发学习动机、增强学习动力；教师要向学生传授自练的知识与方法，以便提高学生自学、自练的能力；教师在体育教学中要创设有利于学生进行自练活动的教学环境和条件，根据教学内容和学生的实际情况，安排课外体育作业，并进行必要的检查，以激发与调动学生自练的积极性、主动性，培养学生的运动乐趣，使学生养成自练的能力与习惯。

三、自评法

自评法即自我评价法，是指学生在练习过程中，通过对自己学练行为价值标准的掌握和判断，进而进行控制与调节的一种方法。自我评价是学生对自己的思想品德、学习态度和能力、锻炼身体的效果等多方面的自我认识。这个方法是激发学生自我教育、自我调节、自我控制、优化发展的前提。我国教育家曾提出让学生学会"自我诊断"。有了正确的自我评价，就会产生自我批评的态度，从而产生一种积极向上、勤奋进取的自我调节机制和自我控制倾向，善于正确地对待自己和别人，善于正确地估计自己的学练成绩及在集体中的地位。

（一）自评法的具体内容

1.目标评价法

目标评价法是指学生对自己的练习目标、自我监督意识、实施目标的意志与行为进行评价的方法。

2.动作评价法

动作评价法是指学生在练习过程中对自己运动动作的质量和成绩进行评价的方法。

3.负荷评价法

负荷评价法是指学生在练习的过程中依据人体的生理机能和心理状态的变化，评价生理负荷和心理负荷的方法。

4.效果评价法

效果评价法是指学生经过系统学习后的一种总结性评价，通过一定的检测手段，以掌握与评价自身动作技术、体能发展和一般健康水平。

（二）自评法的指导方法

作为教育者，教师应创设条件，以发展学生自学、自练、自控的能力，并逐步甩掉"哄着""抱着""跟着""逼着"等传统做法。

第一，教师应有计划地向学生讲授自我测试、自我检查的一些基本知识与方法，如自测身高、体重、脉搏等简易方法，以便获得自我评价信息。

第二，教师应明确提出动作质量标准和运动成绩达标要求，为学生提供自我评价量化的依据。

第三，教师应创造条件，让学生参加自评与互评活动，参加力所能及的各种组织和裁判工作，从中提高自评能力，养成公正、谦虚、认真负责的品德与作风。

四、自创法

自创法是指由学生自己通过思维活动和体力活动产生独特、新颖的具有理论与实践指导意义的体育知识、技术的方法。自创法是学练的最高层次，是智能与体能相结合的产物，是现代化人才应具备的素质与能力。

（一）自创法的具体内容

1.运动动作自创法

运动动作自创法是依据运动动作的技术结构、动作要素和技术特征，创造出一种新的运动动作和运动项目的方法。

2.动作编排自创法

动作编排自创法是指学生在掌握单独的、基本的动作基础上，自编、自导一套独特、新颖的组合动作或套路练习的方法。

3.发展体能自创法

发展体能自创法是指创立一种合理且有效的、能提高身体素质和运动能力的新手段和新方法。

4.优异成绩自创法

优异成绩自创法是指在可以提升身体素质和运动能力的某一项练习中，创造出优异成绩并被一些社会体育组织所承认的科学合理的方法。

（二）自创法的指导方法

第一，培养学生自我创造的志向、勇气和信心。志向是创新内在的强大动力，同时还要有百折不挠、战胜困难的顽强精神和坚强的毅力。

第二，培养学生良好的体育文化素养和广泛的体育兴趣爱好，使创新能力具有必要的体力与智力基础。

第三，培养学生的创造性思维能力。教师要鼓励学生的想象，启发学生思考，帮助其养成研究与探索的习惯，发挥想象和灵感的作用，培养求异思维能力，养成良好的思维品质。

第四，鼓励和引导学生积极地参加课外与校外体育活动，扩大视野，激发创新意识。

五、自养法

自养法即自我养护法，是以养生、健身为目的的自我保养和自我监督的卫生保健方法。自养法的实质是体育与卫生保健相结合的具体应用。学生若缺乏自我养护意识和体育保健知识，不仅不能有效地增强体质，还容易产生伤病事故，影响健康甚至危及生命安全，所以教授学生一些自我养护方法是非常重要的。

（一）自养法的具体内容

1.安全防范法

安全防范法是指在学练过程中，预防与杜绝因场地、器材等方面导致安全和伤害事故发生的方法。

2.保护帮助法

保护帮助法是指为防止运动损伤、加强自身安全，所采取的自我保护和他人相互保护的方法。

3.量力适度法

量力适度法是指学生在学练过程中，依据自身的生理特点与健康水平，量力而行，有节有度，采取适合生理负荷的方法。

4.卫生监督法

卫生监督法是指学生在学练过程中，讲求锻炼卫生、日常卫生、环境卫生、作息制度卫生等，并能坚持自我监督的方法。

（二）自养法的指导方法

第一，提高学生对自我养护重要意义的认识。教师应重视与加强对学生自我养护重要性的教育，揭示和阐述健身与养护之间的相互制约、相互影响的辩证关系，最好能以典型的事例加以印证。

第二，传授我国古代的养生理论与保健方法。我国古代的养生理论和保健方法源远流长，内容十分丰富，凝聚着古代劳动人民的智慧。教师应该不断地挖掘与继承民族体育中的养生保健理论之精华，并向学生讲授有关知识，积极地开展武术、太极拳、五禽戏等民族体育运动。这不仅有利于学生强身健体，提高自我养护能力，还有利于提高学生的民族自尊心、自信心，从而激发爱国主义热情。

第三，通过多种形式和手段，对学生进行系统的保健养生教育。例如，教师应注意锻炼过程中场地、器材的安全与卫生条件，重视伤害事故的预防，加强青春期卫生保健教育等。

第四，强化体育卫生监督和贯彻课堂常规，经常检查和督促。

第五，重视与加强保护和自我保护方法的训练，着重指导学生进行自我保护与相互保护。

第六，与校医、校护密切协作，定期进行身体检查、机能测量、身体素质与运动能力测试，建立健康档案和健康手册，为学生学练、自评提供依据。

第七，使学生掌握脉搏测量和评价的原理与方法，自觉灵活地调节生理负荷，控制较适宜的生理负荷与密度。

第八，对学生进行科学的锻炼指导，教育学生避免和克服急于求成、好高骛远、冒险逞能的行为弊端。

上述方法是一个有机统一的整体，是体育教学艺术的有机组成部分。其中，自学法和自练法是基础，自评法是手段，自创法是最高境界，自养法是学练过程的保障。

第三节 课堂调控法

一、课堂教学调控技能的构成因素

（一）应变能力

教师必须有足够的心理准备，以应对来自课堂内外环境和学生方面的突发事件，并在处理事件的过程中表现出高度的灵活性。

（二）观察、分析能力

在课堂教学中，教师要善于观察环境和学生的行为反应，分析行为产生的缘由，判断课堂现存关系状态，为管理策略的选择和实施提供依据。

（三）情绪控制能力

在课堂教学中，教师无时无刻不处在课堂内外环境、学生和自身生理反应的刺激下。所以，教师必须具备较强的情绪控制能力，避免产生不良的情绪。

（四）表达能力

表达能力是教师必须具备的重要能力之一，是教师职业技能的一项基本构成要素。在课堂教学中，教师经常用口头语言或肢体语言来调控教学中的各种事件，所以教师要修炼自己的语言基本功。

二、课堂调控的具体方法

（一）教法调控法

运用教学方法对课堂教学进行调控，教师就要克服教学方法模式化的倾向，追求教学方法的新颖性，以新颖的形式激发学生的求知欲，使之保持稳定的注意力。教师不能固守某种单一的教学方法，而要追求教学方法的灵活性和多样性，以不断变化的信息激发学生的接受欲望，使之形成持久的注意力。

（二）兴趣调控法

在教学中，教师要挖掘教材内在的吸引力，满足学生的心理需求，激发学生的学习兴趣。教师不能停留在走马观花、浮光掠影的浅表，而应引导学生对学习内容加以分析比较，揭示其共性与差异，进而探索其原因与道理，提高学生的学习兴趣。

（三）语言调控法

对课堂教学的有效调控，在一定程度上取决于教师的语言组织和表达能力。教师的教学语言准确科学、通俗流畅、简明扼要、生动形象、表达清晰、音量适度、语速适中、富有节奏，能使学生乐于接受，易于理解，从而调动学生学习的积极性，提高课堂教学效果。

（四）情绪调控法

教师的情绪直接影响学生的情绪，是影响学生注意力的因素之一。学生学习情绪的高低，课堂气氛活跃与否，很多时候是受教师的情绪影响的。因此，教师在课堂教学中要将自己的情绪调整到最佳状态，始终保持情绪饱满，精神抖擞，目光有神，满怀激情，这样，学生就会受到教师激情的感染，精神振奋，情绪高涨。

（五）反馈调控法

教师可以通过提问、讨论、练习等多种方式，及时地从学生那里获得反馈信息，了解学生对教师传授的知识的接收和理解程度，及时调控教学进程，并将教学继续引向更深的层次。

（六）教师应注意的问题

1.要保持充沛的情感

课堂教学中的情感调控不仅表现为感情强弱的变化，还表现为各种不同感情的转换和变化。比如：有时慷慨激昂，有时平静如水，有时伤心欲绝、惆怅满怀，有时热情如火，不同的情感变化会对学生产生不同的感染效果。

2.要具备准确的语言表达能力

教师上课时主要依靠语言表达，教学效果如何，在很大程度上取决于教师的语言表达能力。教师的语言表达能力对学生的学习心理和思维活动有着直接的影响。语言表达能力强的教师，一方面，能诱发学生的求知欲，激发学生的学习兴趣，吸引学生的注意力；另一方面，能引导学生积极思考。"循循善诱，谆谆教诲"就表明了教师的语言表达能力的重要诱导作用。在教学中，教师的语言表达能力发挥得好，学生就会兴致盎然、津津有味地听课，这样就能收到事半功倍的效果；如果教师的语言表达能力发挥得不好，学生就会索然寡味、昏昏欲睡地听课，这样势必会影响教学效果。

3.要具备提高、处理教材的能力

在教学核心概念时，适当增加学生感兴趣的问题情境，帮助学生感知概念；适当增加概念的辨析问题，帮助学生体会概念；适当增加概念的应用问题，帮助学生内化概念。在教学基础知识时，注重让学生经历其形成及应用过程。在学习方式的选择上，鼓励学生自主探究与合作交流。

4.要具备应变能力

教师为了上好一堂课，课前总会精心准备，对教学内容、教学环节、教学策略等进行设计。但无论备课多么详细，课堂教学也不会完全按照自己设计的顺序顺利进行。课堂教学是活的、变化的，面对外界因素的干扰、学生提出的新问题、不尽如人意的回答、违反纪律等问题，如何调节控制，考验的就是教师的应变能力。因为不管哪种突发事件，或多或少都会对课堂教学产生影响，而且往往都是负面影响。因此，教师要有心理准备，当出现与预设相背离的突发事件时，从容冷静地应对，不能任意操纵课堂或是粗暴对待。因为教师是课堂的组织者，不是独裁者。教师要善于观察，在最短的时间内迅速作出决策，并采取恰当的方式进行妥善处理，使课堂的节奏、氛围得到迅速改善。

三、课堂教学调控的内容

课堂教学调控包括对教师"教"的行为的调控和对学生"学"的行为的调控两个方面。

（一）教师"教"的行为

1.教学目标的调控

教学目标是在教学活动中期待得到的教学结果，课堂教学过程是围绕课堂教学目标进行的，教学目标是课堂教学活动的出发点和归宿。在"一切为了每一个学生发展"的核心理念下，课堂教学调控的重心向非认知领域转移。所以，实现教学目标就要面向全体学生，承认学生的差异，采用因人定标、因材施教和分层教学的方法进行调控。

2.教学内容的调控

课堂教学注重知识与能力、过程与方法、情感态度与价值观三维目标的有机结合，为适应新课程标准对教学的要求，教师在教学内容的处理上要做到：第一，教学内容"创新"化，即动态地调整课堂教学内容，根据教学目标从认知领域向非认知领域拓展。比如，抓住教学内容的重点，进行变序教学等。第二，教学内容"实践"化，即课堂教学与家庭、社会大课堂相互影响，将那些同教材内容、学生思想有联系且具有发展前瞻性的教学内容引进课堂。

3.教学方法的调控

教师要克服教学方法模式化，以学定教、顺学而导。在具体的课堂教学中，教师要引导学生积极参与教学活动，通过自学、思考、讨论、交流、实践等多种方式，独立地获取知识，培养能力，使学生真正成为学习的主人。

4.教学过程的调控

教学过程是每个学生潜心学习，获得个人体验和独特感受的过程，是教师引导学生在实践中不断实现自我建构、提高实践能力的过程。教师要精心组织、调控教学过程，善于创设反馈信息的教学情境，开辟多种反馈渠道，通过提问、讨论、练习等方式了解学生对知识信息的接受和理解程度。教师还要善于及时捕捉学生的听课情绪、神态等间接的反馈信息，通过学生的眼神、表情等，推测和判断学生是否理解、满意、有兴趣、有疑问，进而迅速地调整教学方法，并将教学引向更深的层次。

（二）学生"学"的行为

1.学生学习过程的调控

教师要指导学生不断反思与调控自己的学习过程，并在调控的基础上确立新的学习目标，明确新的追求，形成自我激励机制。

2.学生学习的主动性

学生对学习的自我监控与学习成绩成正比。教师要引导学生进行学习前、学习中和学习后的自我监控，促进学生从他控转向自控，在自我监控下学习。

3.树立学生的自我控制意识

自我控制，是指个体相信自己有控制环境、驾驭自我的能力的一种信念。在课堂教学中，教师要强化积极的体验，引导学生发现自己努力的效果，哪怕是细微的效果，也能促使学生获得成就感。教师要培养学生自我发展信念，让学生对自己的能力形成积极的认识：自己的能力既不是天生的，也不是固定不变的，在学习过程中难免会遇到困难或发生错误，失败并不可怕，要让失败成为进一步努力的"指路牌"。

4.调节学生的情绪

在课堂教学中，教师要在研究学生、吃透教材的基础上，巧妙地运用激情、适当的提问及其他辅助手段来调节学生的情绪，用自己的情绪感染学生。同时，教师还要充分发挥学生的主观能动性，让他们提出问题、分析问题、解决问题，从而培养他们自我学习的能力。

第四节 多媒体教学法

多媒体教学是一种现代的教学手段，是利用文字、实物、图像、声音等向学生传递信息，以各种电教媒体，如计算机、电视、录像、投影、幻灯等为标志，以传统的教学媒体，如黑板、挂图、实验、模型等为基础的多种媒体有机结合的教学方法。

作为一名体育教师，如果能够掌握现代化教学手段的理论和操作技能，并能依据教学大纲的要求，从学生的实际出发，合理选择现代化教学媒体，使之与传统的教学媒体合理结合，就能够极大地丰富体育课堂教学，促进学生对知识的理解和记忆，培养学生的各种能力，提高学生的素质，提高教学效果。在体育教学过程中，要进行多媒体教学的艺术创造，主要应着眼于以下几个方面：

一、研究教学对象，选准课件内容，明确目标

教师根据学生实际情况和教学内容，选准课件，并确定要实现的教学目标，这是多媒体课件设计和使用的首要工作。在体育教学中，并不是所有的体育课都要借助多媒体

来实现教学目标，多媒体主要针对学生很难感知或无法感知、抽象复杂，且教师用示范讲解难以讲授清楚的体育概念、技术动作等。

因此，在设计和使用多媒体课件时，教师必须从以下几个方面考虑和确定要实现的教学目标：

第一，深入研究体育教材，找出学生在学练过程中遇到的重点和难点，使课件能根据多媒体的功能，在满足教学要求的前提下，突出重点、突破难点。

第二，掌握学生的实际情况，了解其体育基础、能力、学习态度，使课件的设计和使用符合学生的实际情况，因材施教，充分发挥和发展学生的主体性，使学生理解所学知识，培养其体育学习能力。

第三，充分发挥多媒体教学的作用，根据体育教学内容和体育课程的特点，精心设计课件，集多媒体的图、文、声、像及动画等综合功能于一体，有效地调动学生的多种感官，达到最佳的教学效果。

二、根据需要，选择最佳的呈现方式

在体育课堂上，多媒体课件的呈现方式有实物、声音、文字、图片、影像动画、视频等，不同的形式有不同的功能，所花费的时间、精力、经费也不同。

多媒体课件并不是越复杂越好，重要的是如何在把握体育教学重点和难点的基础上，根据学生的体育能力和现实需要，设计出经济节约，符合学生知识水平和思维能力的课件，使其能充分发挥教师的主导作用，调动学生的主观能动性，更好地实现教学目标，从而全面提高学生的体育素质。

因此，在课件的设计和使用过程中，教师要确保内容、深度、分量恰当，选材要"精"且不"滥"，呈现方式要生动活泼，符合学生和教材内容的特点，否则会造成适得其反的效果。

三、统筹安排课件的呈现程序，瞄准使用时机

从生动的直观思维到抽象思维，从感性认识到理性认识，从理论回到实践，这是学生的认识规律。无序或不适时地使用多媒体会分散学生的注意力，造成无意义的机

械学习。

体育教学的过程中，在新授课的导入、重难点知识和思维的过渡与转换处，以及学生对体育学习兴趣淡化和思维抑制时使用课件，可以吸引学生的注意力，激发学生的学习兴趣，帮助学生把握知识的过程和规律，让学生进行有意义的学习，提高学习的质量。例如，在讲授排球的"勾手飘球"技术时，教师除了对基本动作要领进行讲解外，还应详细地说明该动作在以往教学过程中出现的学习难点、易犯的错误，并给出相应的纠正方式和练习方法等。通过理论讲授，学生对该动作有了基本了解，但是由于动作太抽象，学生缺乏对"勾手飘球"技术动作的感性认识，对该技术动作也就难以形成正确的动作表象，致使其思维产生漏洞。

如果教师能借助多媒体的优势，把排球的"勾手飘球"技术动作制作成动画图片，然后将每个变化过程都用图示及文字加以说明，并撰写相应的解说文字，以图片形式播放，学生将会一目了然，这样做可以增强学生的感性认识，巩固所学知识。

四、演示与点拨相结合，加强语言控制，指导学生观察与思考

在体育教学过程中，教师要做到演示与点拨相结合，加强语言控制，指导学生观察与思考。比如，在体育欣赏课中，教师利用多媒体播放我国体育健儿在奥运会赛场上夺冠的精彩片段——乒乓球运动长期雄踞世界体坛、女排五连冠、许海峰零的突破……在教师的演示与点拨下，学生通过对这些录像实况的"分析—解释—提问—分组讨论—再解释"一系列的教学活动，不仅可以在记忆中留下我国体育健儿创造体坛奇迹的惊人表现过程，还能形成对体育运动竞技美的体验。通过教师的艺术讲解与点拨，还能激发学生的竞争进取的意识和民族精神。

上述事例说明多媒体教学应坚持演示与点拨相结合。因此，在课件设计中，除了某些音响效果外，要尽可能少地使用有声语言，把使用语言的主动权交给教师与学生；在演示课件时，要充分地调动学生的学习积极性。教师运用语言控制功能，不仅可以引导学生掌握教学的要点，还能让学生及时巩固所学知识，尽量帮助学生构建属于自己的知识体系。多媒体能提供生动、直观的视听信息，然而获得这些信息并不是体育教学的目的。单一的演示往往缺乏深刻影响，单纯的讲解又太抽象。因此，教师在教学过程中，既要通过演示发挥多媒体的优势，又要充分发挥有声语言的作用，使演示与讲解、点拨

有机地结合，通过讲解，将直观与抽象、视听与思考相结合，引导学生在充分感知的基础上，对直观材料进行思维加工，以形成概念，把握本质和规律，加速实现由感性认识到理性认识的升华。

五、因材施教，合理控制课堂教学的容量和进程

多媒体技术对动画、文字、图像、声音等资料有重复演示的功能，具有快现、慢现和逐步展现等调控方便的特点。在设计教学方法时，体育教师要注意学生的接受能力和需要，按需使用，合理地控制课堂教学的容量和进程，使学生既能在有限的时间内获得较多的体育知识与信息，又能给学生留有一定的自主观察思考、亲身演练的时间和空间。比如，在对"推铅球"技术重点、难点讲解的过程中，利用多媒体有机地快现、慢现和逐步展现，并安排一些练习，既能调节课堂教学的节奏和容量，又能加深学生对所学知识的理解与巩固，在练习中有的放矢地解决个别与集体的差异，真正做到因材施教。

第三章 体育教学内容

第一节 体育教学内容基本理论

一、体育教学内容的概念

为达到体育教学目标而选择和运用的体育知识和技能体系等方面的内容，就是体育教学内容。

在体育教学中，教学内容是教师以教育的一系列要求为主要依据，通过对前人体育和教育实践经验进行总结，按照教育原则，从丰富的体育技能理论之中精挑细选出来的。教学内容在教师与学生之间扮演着中介和媒介的角色，对教师和学生之间的信息交流起着决定性作用。从某种程度上说，体育教学内容对体育教学的效果和质量起着决定性作用。

二、体育教学内容的特点

体育教学内容有着较为明显的特点，具体来说，主要表现在以下几个方面：

（一）健身性

体育的一个重要功能就是增强体能健康。体育教学的实质就是教授体育知识、体育练习和技能。体育教学的主要目的就是通过合理安排体育练习的运动负荷量和强度，通过一定的手段加以调控，从而使学生的体质得到增强，变得更加健康。体育教学内容对于增强学生体质、增进健康的作用是其他教学内容所不能替代的。

（二）娱乐性

体育项目发展到现在，越来越多，而且这些体育项目大多起源于各种游戏，经过长期的演变和发展，成为如今的体育项目。在体育教学中，各项教学内容也是大多来自体育运动项目，由此可以认定这种体育教学的内容必然带有一定的乐趣性和娱乐性。在体育教学过程中，这种运动娱乐性主要体现在克服困难、协同作战、争夺胜利、表现欲望等心理过程中，体现在运动的环境和场地、比赛规则、比赛形式等变化和加工方面，体现出学生对新的运动的体验和学习进步的成就感。当学生学习某项运动技术时，存在对这种运动乐趣性的追求动机。因此，体育教学内容本身就有一定的娱乐性特征。

（三）运动实践性

体育教学内容的实质是身体运动的一种实践，这是区别于其他教学内容的条件。体育教学内容是以有关身体运动的学习和身体运动的技能形成为主要培养目标的内容；是以运动为媒介，以大肌肉群的活动状态进行教育的内容。对体育教学内容的学习并不单单是学生大脑思维的活动，学生不仅要对内容进行理解，还要进行运动学习和身体练习。学生在参加体育学习的过程中，要通过对运动中的肌肉本体感觉的形成与动作的记忆，判断自己是否真正掌握了教学内容，因此在体育教学内容中，学生的学习是要将思维和行为联系起来的。体育教学内容的学习尤为强调练和做等实践行为，因此呈现出运动实践性的特征。

（四）教育性

对学生进行教育的载体源自体育教学内容，所以在选择体育教学内容时，教师首先想到的应该是它的教育性。

一般来说，体育教学内容的教育性主要体现在以下几个方面：

第一，对于大多数学生较为适用。

第二，有益于学生的身心发展。

第三，既有冒险性，又比较安全。

第四，摒弃落后性，发展创新性。

第五，避免过于功利性。

（五）非逻辑性

相较于其他学科教学内容，体育教学内容通常不存在一般学科教学清晰的、由易到难的、由简到繁的阶梯性结构。在逻辑结构上，体育教学内容没有明显的从基础到高级的体系，排列也不是直线递进式的，而是复合螺旋式的。体育教学内容的组成是众多相互平行的、可以相互替代的运动项目和身体练习，体育教学内容有着丰富的体育与健康的理论知识。这种特性使教师在选择体育教学内容时更加灵活。

（六）人际交往的开放性

体育教学内容有很多，但大多数内容的主要形式都是集体性教学活动，这种集体性教学活动与其他教学活动不同，通常是时空的变换。因此，在运动的学习、练习和比赛当中，学生之间有着非常频繁的交往和交流。与其他学科的教学内容相比，体育教学内容在人际交往方面无疑具有更明显的开放性。体育教学内容正是由于人际交往的开放性，教师与学生之间、学生与学生之间的关系才能够更加密切、更加开放。在这样的情况下，通过对体育教学内容的学习能够帮助学生有效地提高社会适应能力。

三、体育教学内容的层次

通常情况下，分析体育教学内容的层次可以从两个层面进行，即宏观层面和微观层面，具体如下：

（一）宏观层面

从宏观层面来看，体育教学内容主要包含上位层次（国家课程和教学内容）、中位层次（地方课程和教学内容）和下位层次（学校课程和教学内容）三个层次。

1.上位层次

在体育教学中，上位层次的教学内容主要是由国家教育行政部门规定的各种教学内容。国家对教学方法进行行政规划和管理，体现了国家的意志，各个学校都必须以之为依据开展教学活动。

体育教学内容的开发一般具有专门性，目的是使未来公民在接受基础教育后达到同水平的体育素质。在对体育课程标准或课程标准的制定和教学内容的编写上，要根据不同教育阶段的性质与培养目标来进行。一般来说，国家教育部门制定的课程和教学内容要比地方体育课程丰富得多。因此，国家体育课程和教学内容在体育教学中起着主导作用。

2.中位层次

地方课程和教学内容是学校体育教学内容的中位层次。这一层次的教学内容是在国家规定的各个教育阶段的体育课程内进行开发的。这一层次教学内容的开发必须结合当地具体情况，其开发者大多为省一级的教育行政部门或得到授权的教育部门。地方体育教学课程和教学内容能够更好地适应当地体育发展的需要，适应当地体育发展的现状，能够更加高效地利用当地体育和教育资源，因此其具有重要的价值。

3.下位层次

学校体育教学内容的下位层次是学校课程和教学内容。这一层次的课程和教学内容具有多样性和选择性，主体是学校的教师，教师以国家课程和教学内容、地方课程与教学内容为前提，以学校的办学思想为依据，科学评估本校学生的特点和需求，充分利用当地社区和学校的体育教育资源。在体育教学中，体育课程资源的开发要以国家教育方针、国家或地方体育课程和教学内容等为依据，教学内容的设计要体现出独特性和差异性，要满足每位学生的体育需求。

上位层次、中位层次和下位层次三个层次的体育教学内容共同构成了我国基础体育教学的内容体系，它需要国家教育部门、地方教育部门和学校三者的协调努力，以促进体育教学内容的科学化发展。

（二）微观层面

课程是以教学内容为载体，以教学内容论的观点为主要依据，教学内容包含着多层意义。以教学内容的具体化程度为依据，可以将体育教学内容的微观层次分为以下几个方面：

1.第一层次

微观层面的第一层次即为体育课程标准所示的学习内容，以体育与健康课程标准规定为例，运动参与、运动技能、身体健康、心理健康、社会适应五个学习领域就是从这一层次进行分析的。这种分析实际上是运动领域的一种表述，并非常规意义上的体育教学内容。

2.第二层次

第二层次是第一层次的具体化。从某种角度来说，这是对能力目标的分析，并不是通常意义上的体育教学内容。比如，体育与健康课程标准明确的水平目标包括：运动的基础知识，说出所做简单运动的动作术语（转头、侧平举、体侧屈、踢腿等）。

3.第三层次

这一层次指的是在教学过程中需要运用到的具体硬件与软件等物质设施，属于普遍意义上的教学内容教具，比如篮球、足球、体操、武术等运动项目和与这些项目相关的场地器材。这一层面是常规意义上的体育教学内容。

4.第四层次

这一层次是具体的练习方法和手段，即某项教学内容（如篮球）的下位教学内容。比如，练习教学内容（篮球运动的各种练习方法），游戏教学内容（与篮球运动关系密切的游戏）等。

四、体育教学内容的分类

体育运动项目有很多，其内容也异常丰富，因此在将这些内容进行分类时，采用何种逻辑就成为一个重要的课题。合理地对体育教学内容进行分类能够使教师和学生更加深刻地认识体育教学内容，从而更好地参与到教学中。

目前，关于体育教学内容的分类方法大致包含以下几类：

（一）以体育教学目标为依据

依据教学目标进行划分，可以分为掌握体育运动技能的练习、掌握科学锻炼方法的练习、提高安全意识与能力的练习、发展体能的练习、发展学生心理素质的练习、提高学生社会交往能力的练习、提高基本活动能力的练习等。这种分类方法也是体育教学中一种比较常见的教学内容分类方法。

这种分类方法能够对人们有多种目的的身体练习进行人为的规定，并使其得以实现，能够使教学内容具有一定的目的性；对打破陈旧、以竞赛为目的的教学内容编排体系也非常有利，能够保证学生学到比较多的体育教学内容。

（二）以体育的功能为依据

此分类方法是根据我国体育课程相关文件，以三维健康观、体育的本质特征、体育与健康课程等领域的目标为依据对体育课程的内容体系进行重新构建，体育教学内容被划分为运动参与、运动技能、身体健康、心理健康及社会适应五个方面。

（三）以人体基本活动能力为依据

依据活动能力进行划分，也就是按照人的走、跑、跳、攀登、负重等进行划分，进而重新分类组合各种各样的运动项目和身体练习的方法。这是在体育教学实践中比较常见的一种分类方法。

这种分类方法比较灵活，不会受到正规的体育运动项目条框的限制。这种方法在组合教学内容的基础上可以发展学生的各种身体动作和基本活动能力，所以这种分类方法对于低年级的学生比较适合。但这种分类方法在掌握体育运动技能、发展体能等方面的局限性比较强，对于高年级学生来说，其需求通常无法满足，容易使高年级学生缺乏体育运动的动机。

（四）以身体素质为依据

发展学生身体素质是体育教学的目标之一。依据身体素质进行划分，是按照力量、速度、柔韧、灵敏、耐力等；或者是按照与动作技能相关的体能力量、速度、灵敏、平衡、协调、反应时间等；或者是按照与健康相关的体能身体成分、肌肉力量、心肺耐力、肌肉耐力、柔韧性等进行划分的一种分类方法，是对各种各样的运动项目和身体练习进行重新分类组合。

这种分类方法具有较强的针对性，对学生正确认识各种体育运动项目与身体练习，以及发展体能相当有利，同时还能够有目的、有针对性地发展学生的体能。但此分类方法也有一定的弊端，有许多项目并不是以提高某一方面的身体素质为前提的，此时，这种分类方法就会显得比较模糊，而且这种分类方法容易使学生对体育教学内容文化特性的认识陷入误区，从而造成学生对体育运动文化方面的认识不足。

（五）以运动项目为依据

这是按照各个运动项目的名称和内容进行的系统分类，大致可以分为球类、体操、田径、武术、体育舞蹈、冰雪运动、水上运动等，对各式各样的运动项目和特点加以详细的划分。这是体育教学中最常见的教学内容分类方法。

这种分类方法更加容易理解，对于学生了解和掌握体育运动文化有非常大的帮助。这种分类方法在教育上可能有突出作用。比如，没有被列入正规体育比赛项目中的一些运动项目容易被忽略，而且这些运动即使在正式比赛的项目中，也可能由于规则、技能等方面具有相当高的水平与学校体育教育不符，所以如果将其纳入体育教学内容中必须进行一定程度的改造，但经过改造后，这类教学内容通常会与原本的运动项目存在非常大的差异，在内容上更加难以判别，从而对学生在运动项目的理解和掌握方面造成非常大的影响。

（六）综合交叉分类

综合交叉分类是一种将基本部分与选用部分、理论与实践教学内容、各项运动的基本教学内容与提高身体素质的练习教学内容等相互交叉的综合分类方法。

这种分类方法能够准确地将不同学生在不同年龄阶段的身心发展特点和对学生学习的基本要求反映出来，对达成体育教学目标有非常突出的作用，在保持运动项目的共有特点和系统性的基础上，增强学生进行身体锻炼的实效性，从而使运动项目的技术在体育教学内容的运用中和学生身体素质的练习同时发展，相互配合。但需要注意的是，这种分类方法无法用同一标准衡量，在某种程度上会导致一定的混乱。

通过上述内容可以得知，对体育教学内容的划分是多种多样的。体育教学内容的划分可以有不同的层次，在不同的层次可运用不同的划分方法，但是在同一层次必须采用同一个标准进行划分。

第二节 体育教学内容的选择与编排

一、体育教学内容的选择

（一）体育教学内容选择的依据

在选择体育教学内容时，应该按照相关依据进行有针对性的选择，具体来说，选择的依据主要有以下几个方面：

1.按照体育课程目标进行选择

体育课程内容在实现体育课程目标的过程中的存在方式是手段，而不是目的。体育课程目标存在多元性的特征，体育运动项目和身体练习也具有可替代性特征，这就使体育教学内容的选择变得更加多样性。

体育课程的目标之所以能够成为选择教学内容的重要依据，主要是因为体育课程目标在体育课程编排的过程中，在每一个阶段内都是教学内容的先导和方向，它经过了多方专家的合理思考验证，专家对体育课程目标对各个方面的影响都进行了认真合理的验证。因此，在进行体育教学内容选择时，目标是必须遵循的，相应的体育课程目标对应着相应的体育课程内容。

2.按照学生的需要及身心发展规律进行选择

在选择体育教学内容时，学生的需要是必须考虑的。体育教学以促进学生身心发展为目的，所以对体育教学内容进行选择时，必须考虑的因素就是学生对体育的需要和兴趣，这对学生进行有效学习是非常重要的。学习需要学生的主动参与，而主动参与表明学生自身的积极和努力是必不可少的。通常面对感兴趣的事情，学生参与的动力会大大增加，学习的效率也将倍增。这非常符合一些教育学者所提出的观点：如果学生学习是被迫的，并不是出于兴趣，从某种意义上讲，学习就是无效的。如今，学生虽然非常喜欢参与课外的体育课程，但对体育课却是兴味索然，最重要的因素就是体育教学内容缺乏趣味性。

学生对教学内容的接受程度取决于其身心发展规律及特点，因此体育教学内容必须使学生可以接受，并且感兴趣。在进行体育教学内容的选择时，学生的特点决定着教学内容中的各项要素，所以绝不能忽略学生的实际情况。

3.按照社会发展的需要进行选择

学生的个体发展无法脱离社会的发展。体育教学能够在健康方面为学生打下良好的基础，所以在对体育教学内容进行选择时，除了考虑学生本身的需求，还需要考虑社会现实发展的需求。体育教学内容在选择方面不能忽视学生走向社会后发展所必需的体育素质，体育教学内容必须满足学生在社会发展中各方面的需要。除此之外，体育教学内容必须做到与社会生活和学生生活联系在一起，这样才能让学生体会到它的作用，使其功能得以实现，因此体育教学内容的选择与社会实际相符是非常重要的。

4.按照体育教学素材的特性进行选择

在体育教学内容的选择上，最重要的要素就是体育教学素材，体育教学素材有着较为显著的特性，具体来说，主要包括以下几个方面：

（1）内在逻辑关系性不强

没有非常强的内在逻辑关系性是体育教学素材的最大特性，这种特性使得对体育教学内容的选择无法完全按照难易程度和学生素质来进行。因此，体育教学内容通常只是以运动项目来进行划分，各个教材内容之间的关系也是平行和并列的。比如，篮球和足球、体操和武术，表面上看似有联系，但这种联系并不能够分得非常清晰，而且没有先后顺序，人们无法判断其中一个运动项目究竟是不是另一个运动项目的基础。所以，这样是无法确定教学内容内部的规定性和顺序性的。

（2）具有"一项多能"和"多项一能"的特点

"一项多能"，是指通过一个运动项目，能够达到非常多的体育目的，换言之，这个项目有着目标多指向性的特点。以健美操为例，有人用这个项目来锻炼身体，有人用这个项目来娱乐，有人用这个项目来表演。很多情况下，进行健美操运动能实现多个功能。由此可见，学生在掌握了一项运动之后，就能够实现多种目的。"多项一能"突出了体育教学内容具有相互的可替代性。比如，从事投掷练习，可以扔沙袋，可以投小垒球，可以推实心球，也可以推铅球。想通过体育运动得到娱乐放松，可以踢足球，可以打排球，可以打篮球，也可以打网球。因此，想达到目的并非只有一个项目，其他项目同样能够做到。正是由于这个特性的存在，在体育教学内容中没有不可或缺的项目，使得体育教学内容并不具有规定性。

（3）数量庞大

庞大的数量使得其内容相当庞杂，并且在归类上存在一定难度。人类文明自诞生以来，创造出的体育运动项目数不胜数、丰富多彩，并且每一个运动技能对于练习者的身体素质都有着各种各样的要求。因此，没有哪个体育教师能够精通全部的体育项目，体育教师要一专多能。体育课程的设计者也很难寻找到最合理的运动组合，并将其运用到体育教学内容中，也几乎不可能编写出适合所有地区和教学条件的教材。

（4）不同项目乐趣的关注点不同

在篮球和足球运动中，其乐趣就是在激烈的直接对抗中，通过娴熟的技术和精妙的战术配合而得分。在隔网类运动中，其乐趣就是双方队员在各自的场地中通过巧妙的配合，将球击到对方场地而得分。因此，体育运动都有各自不同的乐趣特性，使得在体育教学内容的选择上，乐趣是无法忽略的内容，同时也是快乐体育理论存在的事实依据，并且这一理论在体育改革进程中产生了关键性影响。

（二）体育教学内容选择的原则

选择科学合理的体育教学内容，不仅要有一定的依据，还要遵循一定的原则，具体来说，选择体育教学内容应遵循的原则主要有以下几个方面：

1.科学性原则

在进行教学内容的选择时，首先要遵循的原则就是科学性原则。具体来说，可以从以下几个方面来对体育教学内容选择的科学性进行深入的理解：

第一，教学内容的选择必须对学生身心的协调发展有利。虽然一些教学内容有利于学生身体健康，但对于学生的心理健康并不合适，反之亦然。因此，教学内容的选择必须在使学生开心的同时，对学生身体的发展起到积极的促进作用。

第二，教学内容要使学生能够从根本上对科学锻炼的原理和方法有深入的了解，这种了解能够使学生从事体育锻炼的自觉性和积极性得到进一步提高。之后，国家会放开对体育教学内容选择的限制，不做具体的规定，这就要求必须有效避免一些科学性不够强的体育项目作为教学内容进入课堂的现象。

2.趣味性原则

兴趣是最好的老师,所以在选择体育教学内容时,要根据学生的各方面特征选择他们感兴趣的,将社会上比较流行的体育素材作为教学内容。大多数竞技运动项目的健身价值和教育价值是不可低估的,但体育教师通常更加关注竞技运动项目教学的系统性和完整性,用培养运动员的方法进行体育教学,这与教育的目的背道而驰,也导致很多学生对体育课产生抵触心理。

3.教育性原则

在选择体育教学内容时,首先应结合教育的基本观点选择体育教学素材,对其是否与符合教育原则,是否与社会的固有价值观同步进行分析。然后对它是否有利于学生的身心发展和身体锻炼进行明确的分析。

体育课程内容必须与体育课程的主要目标相匹配,确立"健康第一"的指导思想,并以此作为体育教学内容选择最基本的出发点,看重其中的文化内涵,让学生在学习体育技能的同时深刻体会体育文化修养带来的益处。在培养学生时,应首先考虑学校体育课程对学生的品德、智力、体质等方面的全面发展是否有利,将理论与实际结合,在学生了解人体科学知识的同时锻炼身体;教师还要在思想文化等方面下功夫,使学生在多个方面同时发展。体育教学内容的选择要充分考虑不同学段的学生的发展特点和规律,个体差异与不同需求将会在其中起到很大的作用,所以充分考虑能够确保每一位学生受益。此外,在选择体育教学内容时,还要符合各个方面的实际情况,从而确保选择时有足够的空间和灵活性。

4.实效性原则

简单来说,实效性就是判断某个体育教学素材是否实用,是否简便易行,是否有助于学生的身心健康。国家相关文件在教学内容的改革方面特别强调要对教学内容当中的"难、繁、偏、旧"和教学过程中过度地偏重书本知识的现状予以改变。在教学过程中,加强学生生活和现代社会科技发展的联系,加大对学生学习兴趣的关注,教学内容中的知识和技能要有利于学生进行终身体育。所以,在选择体育教学内容时,一定要选择与学生自身的体育学习兴趣和经验相接近的及大众喜欢的、社会上比较普及的,同时强调运动项目的健身娱乐效果,为学生终身体育的发展奠定良好的基础。

5.民族性与世界性相结合的原则

在选择体育教学内容时,要保留我国传统体育当中的精华部分,同时,对国外好的课程内容进行借鉴。既不能对自己民族的文化盲目自信，也不能有崇洋媚外的思想。体育教学内容的选择应该与时俱进，体现当今时代中国的特色。

（三）体育教学内容选择的过程

选择体育教学内容，不仅要有一定的依据，遵循一定的原则，还要按照一定的程序进行。具体来说，可以将体育教学内容选择的过程大致分为以下几个方面：

1.对体育素材的价值进行分析评估

在选择体育教学内容前，体育教师应当对当今社会给予足够的关注，要从社会的生产生活、科技教育等发展的实际出发，考虑社会的发展对人的影响与要求，并以此为基础对现有的体育素材进行分析与评价；要对所选内容能否促进学生的身体健康发展，能否督促学生主动进行体育锻炼，能否提高学生的思想品质进行充分的分析论证，选用合适的教学内容实施教学。

2.对运动项目与练习进行充分整合

在体育教学中，不同的体育运动项目和身体锻炼形式会对学生的身心产生不一样的作用和影响。因此，教师在选择体育教学内容时，要以本校的体育教学目标为根本前提，在此基础上认真分析各个体育运动项目是如何促进学生不同身体功能的发展的，然后将各个体育运动项目与身体练习进行整理与合并，并对其进行合理加工，使之成为体育教学内容。

3.选择的体育运动项目要有效

大多数体育运动项目都可以成为学校体育教学内容的基本素材，体育运动项目与身体练习所具有的多功能性与多指向性特点又决定了它们具有很明显的可替代性。因此，学校体育教学内容在运动项目方面的可选择性较强。但是，由于体育教学时间有限，不可能完成全部体育运动项目和身体练习的教学，体育教师就要以社会的需求与条件为依据，充分考虑不同阶段学生的身心特点与兴趣爱好，选出典型、常见的体育运动项目和身体练习作为学校体育教学的内容。

4.对所选内容进行可行性分析

选好体育教学内容后，要对该体育教学内容的可行性进行分析，分析本地区地域、气候和本校的场地、器材等条件的制约与影响，充分考虑教学计划在这些特殊环境中的可行性，并考虑各地、各校执行的弹性，为教师实施体育教学留下足够的余地。

二、体育教学内容的编排

（一）体育教学内容的编排方式

体育教学内容的编排存在循环周期现象。这里所说的循环，是指同一教学内容，在不同的学段、学年等范围中重复安排。这种循环的周期有的是课，有的是单元，有的是学期，有的是学年，甚至有的循环是在某个学段当中。以跑步为例，这节体育课上要进行 100 米跑，下一节课仍要进行 100 米跑，这就是以课为周期的循环。在这个学期内安排 100 米跑，在下一个学期仍安排 100 米跑，这就是以学期为周期的循环。因此，根据以上理论，我国体育教学研究者以内容不同的性质为主要依据对体育教学内容的编排进行层面的划分。具体来说，可以划分为四个层面，每个层面都有其对应的编排方式。

第一，"精学类"——教学内容充实螺旋式。

第二，"粗学类"——教学内容充实直线式。

第三，"介绍类"——教学内容单薄直线式。

第四，"锻炼类"——教学内容单薄螺旋式。

由此可以看出，体育教学内容的编排方式主要有两种：一种是螺旋式，另一种是直线式。

螺旋式排列。体育教学内容的螺旋式指的是当某项运动项目的教学内容在不同年级重复出现时，逐步提高教学要求的一种排列方法。

直线式排列。与螺旋式教学内容的排列方式不同，直线式教学内容的排列意味着，某个体育运动项目和身体练习的相同内容在学习完成后，将不会重复出现。

以上编排方式很好地满足了新课程标准中对体育教学内容的要求，并以体育教学内容的自身理论为主要依据，与当前体育教学内容中的各种情况有机结合起来，创新地将各个方面的内容合理编排在体育教学中，所以在未来很长一段时间内，这种编排方式的实用性都是非常强的。

（二）体育教学内容编排的注意事项

在进行体育教学内容编排时，需要充分考虑以下几个方面的事项：

1.对学生的基础与实际需要进行充分考虑

体育教学的对象是学生，为了使体育教学的内容更加符合学生的实际需求，促进体育教学质量的不断提高,应使体育教学的内容与学生的实际情况、实际需求相适应。在进行体育教学时,教师不应片面地考虑体育运动和身体练习本身的难易程度,还应依据学生的实际需要、学生的体能、学生的运动技能基础和学生身心发展的阶段特征等来进安排体育课程内容。

2.对不同的体育运动和身体练习的特征加以重视

在编排体育教学内容时,应注重各种运动技能的学习、改进、巩固、提高和运用。教师在进行课程安排时,并不是为了让学生懂得相应的知识,更应该注重相应知识的运用。

第三节 体育教材化

一、体育教材化的概念

体育教材化是依据体育教学目标和学生发展需要,结合体育教学条件将体育的素材加工成体育教学内容的过程。

体育教材化是将体育素材加工为体育教学内容的过程;体育教材化是加工过程,而这个加工的成果就是体育教学内容;体育教学目标和学生发展需要是这个加工过程的主要依据,体育教学条件也是重要依据;体育教材化的内容主要涉及教学内容的选择、加工、编排和媒介化等方面。

二、体育教材化的意义

体育教材化的意义主要体现在以下几个方面:

第一,体育教材化能够将最符合体育教学目标和学生发展需要的那一部分内容选出来作为教学内容,从而有效避免内容的庞杂性和在选择上的无目的性。

第二，体育教材化能够使体育素材更加符合体育教学的需要，从而消除体育素材与体育教学内容之间的差异性。

第三，体育教材化可以通过编排，进一步提高选出的但还比较杂乱的体育教学内容的系统性和整体性，从而将体育教学内容的教育作用更好地发挥出来。

第四，体育教材化可以通过物质化工作，使编辑加工后依然抽象的体育教学内容贴近教学情景和学生，使体育教学内容成为体育教学生动的载体。

三、体育教材化的基本层次

通常情况下，可以将体育教材化大致分为两个基本层次，具体如下：

（一）编制体育课程标准和编写教科书

通常情况下，国家和地方教育行政部门会组织专家负责这个层次的工作。具体来说，这个层次的工作主要包括从各种身体活动的练习中筛选出素材，进行教材的分类、加工、排列等。

（二）以课程标准和教科书为依据将教材变成学生的"学习内容"

一般来说，学校的体育教研组或体育教师会负责这个层次的工作。具体来说，这个层次的工作内容主要包括：以体育课程标准和教科书的要求为主要依据，将所面对的学生的具体情况和教学条件的实际有机结合起来，把面对一般学生情况和一般教学条件的教材变成适合一个班的学生与本校场地设施条件的教材。

四、体育教材化的工作内容

体育教材化的工作内容主要有四个方面，即体育教学内容的选择、体育教学内容的编辑、体育教学内容的改造与加工、体育教学内容的媒介化。下面主要围绕体育教学内容的改造与加工和体育教学内容的媒介化展开论述。

（一）体育教学内容的改造与加工

体育教学内容的素材，必须经过一定的加工与改造，如此，才能够进入体育教学实践，并加以应用。

在当前的教学实践中，出现了许多体育教材化的有效方法和成功范例，下面对比较有代表性的几种教材化的方法进行分析和阐述。

1.简化的教材化方法

简化的教材化方法是指将各种高水平、正规的竞技运动项目在各方面（包括竞赛的规则，技术、器材和场地等）进行简化，从而使其能够更好地适应体育教学活动的开展。这种方法是现代体育教学中对教学内容进行教材化最常用的一种方法。采用这种方法，能够使教学内容与学校的条件、学生的能力与需求、教学的目标与教师的教学能力等各方面相适应，更容易进行教学操作。

2.文化化的教材化方法

这种教材化方法通过将竞技运动中的文化要素提取出来并加以强化，进而在教学中让学生通过各种文化性要素充分体验运动文化的情调和氛围。一般来说，这种教材化的方法适合辅助教学内容，对于学生体验和理解体育文化性质较为有利，这种教材化方法对于高中和大学的学生较为适用。

3.理性化的教材化方法

理性化的教材化方法是对各种运动项目所包含的各种运动原理和知识等进行充分挖掘，并将其组织安排在教学过程中的一种教材化方法。这种教材化的方法适用于高年级的学生，能够使学生更好地理解和掌握各种知识与原理，并能够在以后的学习中实现举一反三。

4.变形化的教材化方法

这种教材化方法从基本结构方面改造原运动，使其成为一种新的运动。适应教学的需要和学生的特点是这种教材化方法的主要目的。当前，"新体育运动项目"就是这一类运动，这种教材化方法在处理那些高难度的运动项目或受场地、器材制约很大的运动时，通常能够取得理想的效果。

5.生活化、实用化的教材化方法

生活化、实用化的教材化方法是多种小的教学方法的结合，包括野外化、冒险运动化等方法。生活化是教学内容与日常生活相结合；实用化是使教学内容与实用技能相结合；野外化是将正规的场地变为野外的非正规场地，或将各种场地运动转变为各种野外运动；冒险运动化是增加一定的惊险性，激发学生的学习兴趣。这些方法能够与现实生活的各种需求相结合，并增加教学内容的趣味性，从而能够更好地调动学生学习的积极性。

6.动作教育的教材化方法

动作教育是一种体育教学思想和体育教材方法论，在欧美最先出现。动作教育的教材化方法有着较为显著的特点，主要表现为将一些竞技体育运动以人体的运动原理为依据进行归类，并且提出针对青少年的教材设计，其中比较典型的有教育性舞蹈、教育性体操。这种教材化方法对于小学中低年级较为适用，其对于学生基本活动能力的形成较为有利。

7.游戏化的教材化方法

通过一定的"情节"丰富和拓展各种单调的教学内容，使其富有一定的游戏化成分，使各种教学内容能够在轻松愉悦的氛围中被学生接受。这种方式能够改变教学内容单一、枯燥的特点，增强学习效果。

8.运动处方式教材化方法

以锻炼的原理为主要依据，对运动的强度、重复次数、速率等因素进行组合排列，并结合学生不同的锻炼身体需要，组成处方进行教学素材的教材化，就是所谓的运动处方式教材化方法。这种教材化方法对于教会学生运用运动处方锻炼身体是较为有利的，是一种不可缺少的教材化思想和方法。

（二）体育教学内容媒介化工作

体育教学内容媒介化是体育教材化的最后一项工作。将选出、编辑、加工和改造后的体育教学内容变成储存于某种媒体上的教材形式，就是所谓的体育教学内容媒介化。

体育教学内容媒介化的形式有很多，其中最为主要的有教科书（包括学生用体育教材和体育教学指导用书）、音像教材、挂图、多媒体课件、学习卡片等。下面重点对多媒体课件和学习卡片进行分析和阐述。

1.多媒体课件

教师以体育教学的需要为主要依据，将体育教学内容编辑成计算机演示的系列材料，就是多媒体课件。当前，多媒体课件是体育教师常用的工具，究其原因，主要是因为计算机课件依靠计算机来演示动作，在速度调整、观看细节、多次重复播放、视觉和听觉的艺术效果等方面具有教师讲解和示范所无法达到的教学效果。

2.学习卡片

学习卡片是教材的另一种载体形式。体育学习卡片是学生在体育课中使用的一种辅助性学习材料。这种形式比较符合体育教学特点。

体育学习卡片的作用和运用的目的不同，其运用形式也会有所不同，其中较为主要的有以下几种：

（1）向学生提供学习信息

以教学内容为主要依据，教师将动作的图示、有关的要领、技术的重难点和辅助练习的做法等一些必要的信息提供给学生。通过这些辅助材料，为学生准确地掌握动作形象、概念和技术特点提供一定的帮助。除此之外，对一些技术难点的标示，还能够让学生在某些重要的技术环节的注意力得到有效提升。

（2）对学生思考问题起到促进作用

把合力、力矩、向心力、离心力、抛物线等一些概念性的问题通过公式、范例等形式展示给学生。通常来说，这些问题在体育教科书上是没有的，如果采用语言教学法，通常会出现词不达意的现象，这时候运用体育学习卡片就能够方便学生理解。

（3）对学生的互相交流有所帮助

在体育教学过程中，教师会要求学生在学习卡片上将自己在学习过程中遇到的问题和进步及对本班或本小组同学的情况分析写在卡片上，这样不仅能够对学生技术动作观察能力的提高起到促进作用，还有助于同学之间的情感交流，这对于学生的团队意识和负责任的态度的培养与建立较为有利。

（4）对学生自我评价有所帮助

在体育教学过程中，教师会要求学生将自己的学习感受、体会写在卡片上，这样做能使学生在课后通过卡片对自己课上的学习情况进行总结，并作出较为客观的评价，将上节课和下节课有机地联系起来，从而增加单元教学过程的完整性。

（5）有助于师生进行交流

将对教师上课情况的看法和建议及存在的问题、疑问、发现写在学习卡片上，能使教师对教学情况有一个充分的了解，以此为依据，教师可以适当调整教学形式或者方法，从而使教学效果得到有效的提高，同时，也会增进师生之间的感情。

（6）有助于学生在课中自学

自学是体育学习的重要环节，学习卡片作为学生自学的重要工具，使教科书的不足之处得到了有效的弥补。

第四节 体育教学内容的发展与改革

一、体育教学内容的发展

（一）体育教学内容的发展现状

从当前的形势来看，我国学校体育教学内容的发展现状主要体现在以下几个方面：

第一，体育教学内容的数量不断精简，而难度却不断增加，体育运动的技术含量越来越高，这就需要专门训练过的高素质的体育教师来教学。

第二，体育教学内容中的娱乐因素逐渐减少，而学生在体育课中的实际练习和"炼"的因素有所增加。

第三，竞技体育的发展速度非常快，竞技体育成为各个国家和地区发展体育的重点，相比之下，正规化、科学化的竞技体育运动，尤其是学校竞技体育运动正在逐渐取代以往传统的体育教学内容，成为新的体育教学内容。

第四，体育教学内容需要的运动器材越来越正规。由此可以看出，学校对学生开展体育课的安全问题越来越重视。

（二）学校体育教学内容的发展趋势

学校体育教学内容的发展趋势大致可以归纳为以下几个方面：

1.对终身体育目标的要求进行充分考量

学生终身体育观念的建立和形成，学校体育起着至关重要的作用。终身体育目标的达成取决于学生参加体育所需的技能、知识和态度。所以，教学内容应当更加注重健身性、运动文化传递性与娱乐性，在健身价值和终身运动性强的运动项目中作出选择。

2.更加注重体育运动的规律性

过去，在选择体育教学内容时，教师总是根据各个体育项目中的逻辑关系进行选择，但体育教学内容的逻辑性几乎是不存在的，所以这种选择方法是不科学、不合理的。因此，在未来选择体育教学内容时，教师要注重寻找体育学科内在的一些规律。体育课程中的内容通常都是学生喜欢的、富有时代性的，并且根据年龄和学段的不同，有所区分。

3.学生价值主体受到的重视程度越来越高

受各方面因素的制约和影响，体育教学内容的选择并不是一蹴而就的，需要综合各方面的因素进行考虑。在过去的体育课程标准中，体育教学内容的选择与确定通常更重视教师对教学内容的价值取向，因此重视的仅仅是教师的教。但随着体育教学改革的推进，越来越多的人开始重视学生对体育教学内容的价值取向，根据学生的学进行体育教学内容的选择越来越普遍。

4.更加注重教学主体发展的全面性

在传统体育教学理念和模式下，体育课程大多是以提高学生跑、跳、投等身体素质为目的的一种体能达标课。新的教学改革大纲出台之后，学校教育更加强调素质教育，在选择与确定体育教学内容时，要符合素质教育的要求，使学生在身心方面都能获得全面的发展。

5.不断引进民族特色项目

通常情况下，富有趣味性和新奇性的运动项目会受到广大学生的青睐，因此在选择与确定体育教学内容时，要注重推陈出新，改革与发展一些新颖的运动项目。除此之外，我国多民族的特性决定了各个民族都有出色的民族特色体育项目，这些民族项目既各具特色又都有良好的健身价值，在选择体育教学内容时，应根据具体情况加以选用。

二、学校体育教学内容的改革

（一）学校体育教学内容存在的问题

目前，我国体育教学内容存在以下几个较为明显的问题，需要引起一定的重视。

1.体育教学内容繁多且较为杂乱

目前，我国体育教学内容繁多且较为杂乱，看似重视学生的全面发展，但这些教学内容在规定的授课时数内很难完成。即便完成了，也只是教授了一些综合性的表面知识，并不会让学生对所学的运动项目有一定的深刻认识，更不利于学生对运动项目技能的掌握。

2.体育文化知识含量少，缺少以健康为主题的教学内容

体育理论知识包含的内容有很多，较为主要的有奥运知识、体育道德风尚、体育人文精神、体育文化欣赏等。但是，各个学校并没有形成适应学生的理论知识体系，更没有纳入体育教学内容中，且与此相关的部分教学内容针对性和实用性并不是很强，这就使学生对体育文化的学习与认识在很大程度上受到制约。

3.体育教学内容过于陈旧

长期以来，我国学校体育教学一直在强调体育教学内容体系的完整性，从而忽略了一些前沿性和现代性的内容。运动知识和技能过于陈旧，不能与时俱进，让学生产生了枯燥乏味的感觉。

此外，尽管当前的体育教学中不断涌现各种健身和娱乐的体育教学内容，但受到一些教学思想的影响，教学内容的开放性始终得不到体现，体育教师在教学实践中很难重新对教学内容进行选择，进而使得学生喜欢的、渴望参加的内容永远不可能成为学校课堂的教学内容。

（二）学校体育教学内容改革的思路

针对当前学校体育教学内容的发展情况和出现的问题，为了更好地促进体育教学内容的完善，学校需要进一步的改革，可采纳的基本思路主要有以下几个方面：

1.遵循以人为本的思想，满足体育教学主体的需求

首先要将指导思想确定下来，然后再对教学目标及目标的内涵进行准确的定位。同时，还要与学校教学的实际情况相结合，以学生的主体需要为出发点，有针对性地对体育教学内容进行选择。当前，学校体育主体的需要已经发生了较大的变化。因此，体育教学内容要适应这种变化，有针对性地增加健美、舞蹈、韵律体操、轮滑等一些趣味性强的项目，这样不仅能进一步丰富教学内容，还能更好地调动学生参与学习的积极性，满足学生的需求。

2. 重视隐性体育教学内容

作为体育教学内容的一个重要组成部分,隐性体育教学内容包含了很多具体的方面,较为主要的有道德修养、体育精神、思想作风等无形的内容。对学生的纪律观念、集体观念、社会道德水平和意志品质进行积极有效的培养,能够对学生产生潜移默化的影响,不仅对学生体育文化素养和体育道德水平的提高有着积极的促进作用,还对学生更好地适应竞争激烈的社会有所助益。

3. 增加健康教育的内容

教学内容健康化,充分提取、利用教材中的健康教育因素,可以实现体育与健康教育的结合。在选择教材内容时,为了有效完成增强学生体质的重要任务,学校体育需要在体育教学内容中增加有关健康教育的相关内容,具体来说,就是要增加那些学生乐于参加,并且对学生身心健康有利的体育项目,而难度大、重复多且单调枯燥、学生不感兴趣的项目则要去掉。要以学生身心发展的特点、知识和能力的水平为主要依据,对教学内容进行有针对性的安排,从而使教学内容的实用性和趣味性得到有效提高,将学生的学习兴趣有效地激发出来。

第四章 体育教学模式

第一节 体育教学模式基本理论

一、体育教学模式的界定

有关体育教学模式的界定，是从 20 世纪 80 年代开始的。目前，体育教学模式的概念并未统一，其规范化程度还有待进一步提高。在体育教学模式的研究中，许多国内学者对体育教学模式的定义都提出了自己的认识和观点，下面就列出几种比较具有代表性的。

李杰凯认为，体育教学模式是蕴含特定的教学思想，针对特定的教学目标，在特定教学环境下实现其特定功能的有效教学活动与框架，是以简洁形式表达的体育教学思想理论和教学组织策略，是联系体育理论与体育教学实践的纽带。

杨楠认为，体育教学模式是体现某种教学思想或规律的体育活动的策略和方式，它包括相对稳定的教学群体和教材、相对独特的教学方法体系。

毛振明认为，体育教学模式是按照一定的体育教学思想设计，具有相应结构和功能的体育教学理论或教学活动模型。

樊临虎认为，体育教学模式是指在一定的教学思想或理论指导下，设计和组织体育教学，在实践中建立起来的各种类型的体育教学活动，它以简化的形式稳定地表现出来。

综上所述，体育教学模式有一个初步统一或认可度较高的概念，即"特定体育教学思想"，是完成体育教学单元目标而实施的稳定性较好的教学程序。

二、体育教学模式的特点

(一) 整体性

体育教学模式对体育教学的处理是从整体上进行的,具体来说,体育教学模式不仅要明确教学活动中的教学主体(体育教师与学生)、教学客体(教学目标、教学内容等)等主要因素的地位与作用,还要对教学物质条件、组织形式、时空条件、师生互动关系或生生合作关系等影响体育教学活动,而且在教学活动中起重要作用的其他因素进行相应说明。这几乎把体育教学论体系中的基本内容都涵盖在内了,因此人们也将体育教学模式称为"体育微型教学论"。

体育教学模式的整体性特点要求人们在对体育教学模式有正确的认识及合理运用时,将体育教师的教学风格、学生的年龄特点、体育基础特点、课程内容特点等体育教学模式的主要要素整体全面地确定下来并熟练掌握。除此之外,教学场地条件、环境条件、教学班级人数、气候特点等一些次要要素也要列入考虑的范围内,同时还要清楚地认识到它们之间的关系,对各环节的相互配合、相互衔接也要有足够的重视,从而使教学模式成为系统的教学程序。这种多部分、多要素、多环节的有机组合将体育教学的整体性充分体现了出来,同时也对体育教学模式并非多环节、多要素的简单堆积进行了说明,因此体育教学模式具有一定的科学性。

(二) 优效性

一定的理论基础是建立体育教学模式的基础条件,但体育教学模式的构建与完善也离不开对体育教学实践的不断修正与补充。因此,促进体育教学质量的提高,逐步改进体育教学过程,不断更新与完善体育教学的各个环节,避免教学资源的浪费与缺失,是完善体育教学模式的主要工作。从这一角度来说,体育教学模式充分体现了优效性特点。

(三) 针对性

无论哪种体育教学模式,其建立都是针对体育教学实践过程中的某个具体问题或某个问题的某一具体方面,针对体育教学内容、体育教学对象、体育教学环境等不同要素所形成的体育教学模式有很大的区别。从这一点来看,体育教学模式的特定教学目标和适用范围是不能包罗万象的。比如,情境教学模式是针对理解能力较差、体育基础不够的中小学生；用体育故事把各种简单的体育活动动作组合起来进行教学的，不适合高年级的学生。又如，快乐体育教学模式是与传统体育教学中的强制性教学相对立的，因为在强制性体育教学中，学生是体会不到快乐的，所以设计了快乐体育教学模式，这种教学模式比较适合学练一些简单的体育活动动作，不适合学练复杂的体育活动动作。由此可以看出，普遍有效的全能模式或者最优模式是不存在的。教学模式与目标通常是一对多或多对一的关系，而绝非一对一的关系。

（四）可操作性

可操作性主要包括两个方面的内容。

一方面，体育教学模式易被教师模仿。究其原因，主要是因为教学模式不仅是教学理论的操作化，还是教学实践的概括化。体育教学活动的开展和教学步骤的具体做法都需要教学模式提供相应的逻辑结构与思维。这样，教师在教学中应该先做什么，再做什么，最后做什么，就非常有条理，操作性也较强。

另一方面，体育教学模式的操作程序处于基本稳定状态，究其原因，主要是因为体育教学活动的特殊性、复杂性和影响体育教学的主要因素不能得到精确控制。

在不同条件与环境下开展体育教学，其产生的体育教学模式会存在一定的差异性，体育教学模式也会因不同的教学指导思想和理论存在一定的差异性。但是一旦确立了体育教学模式，其就可以代表一定的教学思想和理念，也就表明某一特定条件下的教学模式的具体操作具有稳定性和可模仿性。具有相同的理念和外在条件，便很容易被体育教师模仿，这就是体育教学模式的稳定性特点。需要注意的是，随着时代的变迁，指导思想与外在条件等发生了质的变化，这就要求教师要适当调整和变更体育教学模式。所以，体育教学模式的稳定性并不是绝对的，而是相对的。

（五）简洁概括性

体育教学模式并非"复写"体育教学活动，而是在将自己个性充分展示出来的基础上，将教学目标、教学方法、组织形式等开展某个教学活动的不重要因素省去，从理论高度简明、系统地反映模式自身，由此可以看出，体育教学模式是对某一理论的浓缩，对实践的精简，表现出一定的简洁概括性。一定的体育教学模式能够将特定的体育教学思想充分反映出来，而且在一定程度上也简化了教学的各个环节，并通过教学程序将其展现出来。因此，体育教学模式充分体现了显著的简洁概括性特征。

三、体育教学模式的结构

体育教学模式的结构主要包括教学思想、教学目标、操作程序、实现条件及评价方式等，具体内容如下：

（一）教学思想

伴随着体育课程的发展，体育教学指导思想有所改变，因此各国体育学者对体育教学理论的研究也有深刻的转变，体育教学模式的研究正是在这种背景下兴起的。作为体育教学模式的灵魂，教学思想是建立体育教学模式所应具备的基本理论与思想基础。也就是说，要想建立体育教学模式，就需要有一定的理论知识对其进行指导，在不同理论指导下建立起来的体育教学模式是有差异的。

（二）教学目标

在体育教学过程中，建立体育教学模式的目的是更好地实现体育教学目标。如果没有体育教学目标，体育教学模式也就没有存在的必要和价值。"体育教学模式所能够达到的教学效果，是体育教师对某项教学活动在学生身上产生的效果所作出的预先估计。"体育教学目标是具体化的体育教学主题的表现，体育教学模式要以教学目标为核心，教学目标能够制约体育教学模式的其他结构要素。

（三）操作程序

教学活动中的教学环节或步骤就是操作程序。在体育教学活动中，操作程序主要是指在时间上展开的逻辑步骤及各逻辑步骤的具体做法等。无论哪种体育教学模式，其操作程序都是独特的，与其他教学模式不同。操作程序并不是一成不变的，但它一定是基本或相对稳定的。

（四）实现条件

程序的补充说明能够使体育教师选择合理、正确的教学方法和策略。人力条件、物力条件和动力条件是体育教学模式实现条件的主要内容。具体而言，就是体育教师与学生、体育教学内容与时空、学校的基础设施等。

（五）评价方式

不同的体育教学模式所要完成的体育教学目标不同，所采用的教学程序和条件也不同。因此，不同的体育教学模式具有不同的评价标准和评价方式。每一种教学模式的评价标准和评价方法都是特定的，如果使用统一的标准进行评价，就会使评价不具备科学性，使评价结果失去说服力。例如，与标准化评价相比，群体合作教学模式采用的是计算个人得分和小组合计总分的评价方式。

四、体育教学模式的功能

（一）简化功能

体育教学活动有着较为显著的特殊性和复杂性。因此，要想较为理想地处理这种特殊性和复杂性，除了需要人们的思辨和文字的处理方式，还需要其他一些简单明了的方式。图示就是这样一种方式，它能够将各系统之间的次序及作用和相互关系较为清晰地表达出来，能够使人们对事物有一个整体的印象。体育教学结构能够反映出各环节、各要素的关系，这种结构的主要特点在于注重原则、原理，较为重视行为技能的学习。因此，从客观角度来说，体育教学模式有着非常重要的作用和意义，符合现代体育教学任务，具体来说，主要表现在三个方面：第一，非常重视对体育知识、体育技术、体育技能的学习与掌握；第二，非常重视学生的学习目标和教师的设计方案；第三，在充分体现教学理念的同时，非常重视教学所采用的具体操作策略。由此可以看出，体育教学模式具有较强的可操作性，其结构和机制也较为完整。另外，体育教学模式比抽象的理论更具体，不仅与教学实际更接近，而且能够为体育教师提供基本的操作框架，使教师明确具体的教学程序，因此较容易被教师理解、选用、操作与认可，受到教师的欢迎。

（二）预测功能

体育教学模式以体育教学活动的内在规律与逻辑关系为基础。因此，体育教学模式有利于对体育教学进程和结果作出准确的判断，即使不能准确判断，也能对体育教学进程和结果进行合理估计，甚至可以建立教学结果假说。通常以某种教学模式的内在与本质规律及其现象为主要依据，对该模式进行预测。例如，快乐体育教学模式既要注重学生在学习过程中的学习体验,也要使学生掌握运动技能,从而为学生的终身教育打下良好基础。这种模式的预测功能主要体现在两个方面:一方面,如果在教学过程中没有达到预期的教学目标,说明实际与预测存在一定的差距,需要进行合理、正确的调整;另一方面,如果在教学过程中达到了预期的教学目标,说明与事先的预测是相吻合的,理论与实践是统一的。

(三)解释与启发功能

体育教学模式的功能和作用是通过简洁明了的方法来解释复杂的现象。比较常见的一种体育教学模式是发展体能教学模式,这一教学模式的建立给人以整体的框架,其中,文字的解释能够让人们理解教学模式。具体来说,体能教学模式中蕴含的理论知识主要体现在以下三个方面:

首先,阶段性的体能目标的实施与反馈控制理论。

其次,体育教学系统地、长期地发展体能的指导思想。

最后,非智力、非体力因素参与体育活动,并促进技能教学的发展理论。具体来说,体能的发展是比较枯燥的,因此如何激发体能是一项关键性因素。需要注意的是,这一关键因素是非智力、非体力的。

除此之外,对于整个教学活动来说,具体的某种教学模式的核心环节具有非常重要的作用和意义,其主要体现在教学目标的制定与教学过程实施的形成性评价中。具体来说,主要包括以下几个方面:

第一,预先进行体能测验,实施诊断性评价。

第二,以学生的身体条件与身体素质的侧重点为主要依据,对教学单元进行合理的安排。

第三,有针对性地对单元中的体能目标进行练习,并力争达到目标。

第四,对学习效果进行总结,实施总结性评价。

第五,以评价的结果为主要依据,使矫正措施得以实施。

(四)调节与反馈功能

马克思主义唯物观认为,实践是检验真理的唯一标准。因此,体育教学模式是否科学要通过实际的体育教学活动来检验。体育教学模式是依据具体的教学指导思想、教学条件和教学环境来进行安排的。例如,在实际的运用过程中,如果某一种体育教学模式没有达到预先制定的教学目标，就需要具体分析教学模式操作过程中的各个环节与因素，找出其中的各种关系，深入地分析原因，并提出相关对策，以使体育教学活动更加科学、合理。

第二节 体育教学中典型的教学模式

由于体育教师各具特点，学生的实际情况也有所不同，因此在体育教学过程中所采用的体育教学模式也是千差万别，各有侧重。下面主要分析几种常见的体育教学模式的建立背景、指导思想及存在的优缺点。

一、主动性体育教学模式

（一）建立背景

在现代教育中，学生是整个教学活动的主体，主动性体育教学模式能更好地引导学生通过思考、体验来交流和合作，从而进一步发展自身的社会技能、社会情感及创造能力。在体育教学中，要想取得较为理想的教学效果，必须要有良好的课堂环境和氛围。因此，主动性体育教学模式在这样的环境和需求下应运而生。

（二）指导思想

主动性体育教学模式的指导思想主要包括以下几个方面：

第一，培养学生的参与能力。只有让学生参与教学活动，才能提高学生的主动性。

第二，培养学生的学习能力。引导学生站在教师的角度思考问题，有利于提升学生的学习能力和主动性。

第三，培养学生的合作精神。要让学生认识到团队合作的重要性，培养学生的团结合作精神，同时营造出理解、尊重、宽容、信任、合作、民主的课堂氛围。

第四，培养学生的创新意识。要想发展就必须创新，教师应根据教学的实际情况和学生的具体情况有针对性地培养学生的创新意识和创造能力。

（三）主要优缺点

1.优点

运用主体性体育教学模式能够实事求是地、有针对性地发展学生的主体意识，有利于提高和发展学生的学习主动性和自我学习能力。

2.缺点

主动性体育教学模式要求学生有一定的自觉性基础，具有自我制定教学计划、教学方法、教学手段、组织实施的能力，以及较强的自学能力。否则，主动性体育教学模式就不会取得理想的教学效果。

二、小群体体育教学模式

（一）建立背景

这种小群体的学习形式来源于日本的"小集团学习"理论。小群体体育教学模式是指在体育教学中，将全班学生分成几个小组，同组学生之间、小组与小组之间在教师的指导下，通过互动、互助、互争的方式，增强自身学习的主动性，从而提高教学效率的一种教学模式。小群体学习法最开始被运用在其他学科中，渐渐地，才开始应用于体育教学中。运用这种模式，不仅可以取得较为理想的效果，还能进一步促进体育教学的发展和完善。

（二）指导思想

小群体体育教学模式的主要指导思想是在遵循体育学习机体发展和发挥教育作用的基础上，通过体育教学中的集体因素和学生之间交流的社会性作用，促进学生交往，提高学生的社会性。此外，在运用这种模式的过程中，还要注意培养学生的自主学习能力，并适应学生的个体差异。

因此，小群体教学模式的指导思想具体体现在以下几个方面：

第一，有针对性地培养学生的良好品质。

第二，强调集中注意力，并要求学生相互帮助、团结友爱，从而有效地提高组内的竞争力。

第三，通过指导学生相互帮助、合理竞争，提高学生的身心健康和社会适应能力。

第四，要在条件均等的情况下，使小组之间的学生合理竞技，从而激发学生的学习兴趣，提高学习效果。

（三）主要优缺点

1. 优点

小群体教学侧重培养学生的团结性，不仅有利于充分调动学生学习的积极性和竞争性，还有利于培养和提高学生的社会适应能力；小群体教学，既可以提高组内团队间的合作能力，又可以提高小组与其他小组之间的竞争能力，增强学生的竞争意识。

2. 缺点

这种教学模式更加注重培养学生的社会适应能力，这就会导致在教学中有大量的时间被消耗在这上面，从而减少学生学习教学内容的时间。

三、选择式体育教学模式

（一）建立背景

在"健康第一"思想和新课程标准的影响下，为了更好地体现以学生为主体的教学观念，现代体育教学出现了选课。选课的出现可以使学生在体育学习的过程中依据自己的喜好和需要选择适当的项目。由于这种教学模式具有较高的可行性和良好的教学效果，近年来已被运用到多所学校体育教学中，并受到体育教育工作者的高度重视。

（二）指导思想

选择式体育教学模式可以让学生自主选择所要学习的内容、学习进度、学习参考资料、学习伙伴、学习难度等，这样不仅能提高学生的学习兴趣，还能充分调动学生学习的积极性和主动性，从而更好地培养学生的学习能力。

（三）主要优缺点

1.优点

学生自主选择学习内容，这不仅充分体现了学生的主体地位，还有利于提高学生的学习兴趣；学生根据自身的兴趣和需求选择学习内容，不仅能够更好地培养学生的自觉性、学习热情、学习态度、情感体验、克服困难的意志力等，还能提高学生的责任感。

2.缺点

根据目前相关的教学实践来看，选择式体育教学模式虽然对有运动兴趣的学生具有积极作用，但对于那些对某些体育项目暂时还没有特别大的兴趣的学生来说，会盲目性地选择。因此，这种教学模式在目前还不适用于全体学生。由于受到技术难度、趣味性、运动量及考核评价等方面的影响，学生可能会功利性地选择运动项目，从而使得选择内容不均等，不利于教学活动的顺利进行。

四、发现式体育教学模式

（一）建立背景

发现式体育教学模式是指通过体育教师的指导，学生能够独立地研究和发现事实及问题，从而更加深刻地掌握相关原理和知识的一种教学模式。这种教学模式主要强调学生的直觉思维、内在的学习动机及教学过程三个方面。

（二）指导思想

发现式体育教学模式是教师通过适当的引导，让学生运用主观思维积极思考，独立地发现问题、解决问题的教学方式。因此，这种体育教学模式的指导思想是在体育教学过程中，通过遵循学生的认知规律来考虑教学过程，体现以学生为主体、以学生为中心的思想。

指导思想具体包括以下几个方面：

第一，增强学生学习的积极性和趣味性。

第二，调动学生思维的主动性，开发学生的智力。

第三，在以学生为主体的前提下，对学生进行指导。

第四,在揭晓答案之前,要让学生自己去探索问题的答案。

第五,设置问题情境,使学生较为自然地进入教学情境中,激发学生的学习热情与积极性。

第六,提高学生学习运动的效率,使学生更加深刻地领悟技能和知识,记忆更加牢固。

(三)主要优缺点

1. 优点

发现式体育教学模式能调动学生的学习热情和学习的积极性,提高学生的学习效率;有利于开发学生智力,提高学生智力水平。发现式体育教学模式非常重视学生的智力发展,通过在学习过程中设置情境,激发学生学习的好奇心,进而提高其智力水平。

2. 缺点

发现式体育教学模式会在问题的提出、讨论、解决等环节占用大部分的教学时间,从而减少运动技能练习与巩固的时间,影响学生学习和掌握运动技能的效果。发现式体育教学模式还会受到不稳定因素的影响,所以从教学模式的评价来看,无法在短时间内将其与其他教学模式进行比较。

五、领会式体育教学模式

(一)建立背景

领会式体育教学模式是在 20 世纪 80 年代由英国学者 Branker 提出的。在当时,这种教学模式主要运用于改造体育教学的教学过程结构。在应用过程中,试图通过从整体开始学习或领会新教程,对以往只追求技能而忽略学生对整个运动项目的认知和对运动特点的把握的问题,进行改进和完善,从而达到提高体育教学质量的目的。

(二)指导思想

领会式体育教学模式的指导思想主要包括以下几个方面:

第一,这种教学模式强调先尝试,后学习。

第二,在尝试的过程中,了解学习运动技术的重要性,进而提高学生学习的主动性。

第三,强调先进行完整教学,然后再进行分解教学,在掌握各部分分解动作的基础上,最后进行完整尝试,从而比较学习前后的效果。

第四,竞赛是开展体育教学活动最主要的组织形式,有利于提高学生学习的积极性和实用性。

（三）主要优缺点

1.优点

领会式体育教学模式通过让学生初步体验,体会学习正确动作的必要性,然后根据学生的实际情况,教师选择合理的教学方法,促使学生产生强烈的学习动机和需要,进而调动学生学习的积极性,提高学习效率。

2.缺点

在尝试性比赛中,学生因对这项运动缺乏深刻的了解,很可能使比赛无法顺利进行。要想避免这种情况的发生,可以降低难度和要求,使学生慢慢进入活动的角色,从而保证常识性比赛的顺利进行。

第三节 体育教学模式的改革与发展

一、体育教学模式的改革

目前,常见的体育教学模式是有限的,但随着体育教学改革的不断推进和创新发展,还会出现更多的教学模式,并应用在体育教学中。关于未来体育教学模式的改革,其改革侧重点与趋势主要表现在以下几个方面：

（一）重视学生的主体性

传统的教学模式对教师的主导作用的重视程度比较高，将教学过程片面地归结为教师的教，忽视了学生的学，这就使得学生在学习过程中处于被动地位，不利于学生主观能动性的发挥和能力的培养。随着以学生为中心的教学理论的发展，传统意义上的师生关系有了较大的变化，他们的地位和作用也有了一定的改变，"教师中心论"逐渐被"教师主导学生主体论"所取代。在新的教学观的影响下，体育教学也有了一定的改变。具体来说，主要改革趋势是，由以教师为中心的教学向教师主导、学生为主体的教学模式转变。教师主导、学生为主体的教学模式，对学生创新能力、自学能力、探索能力的培养较为有利，在一定程度上能够调动学生学习的能动性和积极性，符合现代人才的培养理念。因此，可以将其作为体育教学模式的一个重要改革方向。

（二）注重学生能力的培养

现代社会科学技术发展迅猛，知识增长迅速，终身教育的普及和竞争压力的不断增加，都对人们的能力提出了更高的要求，单一的知识积累已经不能满足当今社会的需求。因此，体育教学必须在教学模式上有一定的改变，只有这样，才能够更好地培养学生的运动能力、创造能力、自学能力和社交能力。

在九年义务教育初期，就已经开始强调要让学生全面发展，并且在越来越多的实践活动中，人们也充分认识到了能力的重要性。在这样的背景下，从强调知识的传授逐渐转向重视能力的培养成为了体育教学模式改革的一个重要方向，这样能够使学生在参与实践活动的同时，对自己有更加全面的认识，从而不断挖掘和培养自身的各项能力。

（三）保留演绎型教学模式

教学模式形成的方法主要有由概括实践经验而生成的归纳法和依靠逻辑生成的演绎法两种。从一种思想或理论假设出发设计的教学模式，就是演绎教学模式。20世纪50年代以后产生的教学模式大多属于这一类型。演绎教学模式是从理论假设开始的，形成于演绎，其对科学理论基础非常重视。演绎型教学模式的这一特点不仅为人们自觉利用科学理论指导提供了一定的可能，还为主动设计和建构一定的教学模式以达到预期教学目标奠定了一定的基础。由此可以看出，演绎型体育教学模式的发展是教学模式发展的一个重要趋势，是符合教学理论的发展和研究方向的，因此改革中要注意保留演绎型体育教学模式。

二、体育教学模式的发展

（一）理论研究的精细化

研究体育教学理论，其目的是既能够更好地指导体育教学实践，又能起到对体育教学实践进行总结的作用。如果没有理论研究，或者缺乏体育实践，那么整个体育教学就会失去意义。因此，必须将体育教学的理论研究与实践研究相结合，以加强理论研究的力度与成效。

与其他理论相同的是，体育教学模式的研究必将从对一般教学模式的研究走向对学科教学模式的研究，再到对课堂教学模式的研究。

对体育课堂教学模式的研究趋向于精细化，包括学期教学模式、单元教学模式、课时教学模式。精细化是体育教学模式研究的必然趋势。

（二）教学目标的情意化

教学实践研究表明，智力因素和非智力因素对学生的学习活动起着非常重要的作用。现代体育教学模式的不断发展对传统教学活动中过于强调智力因素，而忽视非智力因素的作用等状况进行了改善，并取得了良好的效果。现代体育教学模式的目标是在使学生增长知识、培养学生能力的同时，将人格教育、品德教育、情感教育与知识教育结合在一起。随着人们对人本主义心理学越来越重视，学生的情感陶冶也开始备受关注，将情感活动视为心理活动的基础，对学生独立性、情感性和独创性进行更加全面的培养。例如，情境式体育教学模式和快乐式教学模式通过创设问题情境，提高教学过程的新奇与趣味性，使学生的学习兴趣得到有效激发，从而产生一种强烈的学习动机，在这种动机下学习和掌握体育知识能带来很强的情意色彩。

（三）教学形式的综合化

体育教学形式的综合化是指体育教学模式向着课内和课外一体化的方向发展。由于时间的限制，课堂上不能充分培养和发展学生运动技能与锻炼身体的习惯，这就需要在教学过程中，安排充足的课外时间进行练习和巩固，而课内的主要任务就是学习新知识，并进一步纠正错误的动作。只有这样，才能更加熟练地掌握运动技能，实现个体运动技能的自动化。但从目前情况来看，我国对课外体育活动的重视程度要比体育课本身弱很多，有的学校甚至处于放任自流的状态，这对体育教学效果有着非常严重的影响。

从体育教学模式发展的角度来看，由于对课外体育活动的不够重视，使得这一方面的研究也受到了很大的影响。"课内外一体化"教学模式虽然设计了课内与课外相结合的教学，但在实际的运用过程中还不够成熟，也没有形成正确的操作模式。因此，目前并没有将其列入现有的体育教学模式体系中。只有在理论与实践发展成熟后，这种模式才能够成为一种重要的体育教学模式。

（四）教学实践的现代化

随着现代教育和科技的快速发展，体育教学在教学手段方面也有很大的突破，各种教学实践活动呈现出较为明显的现代化特点，并逐渐实现了对传统体育教学方法的改革和创新。在现代体育教学活动中，先进技术产品和手段的运用在很大程度上提高了体育教师的授课效率，同时也进一步增强了学生学习的兴趣，调动了他们主动学习的积极性。目前，现代体育教学模式已经开始与现代教学技术手段相融合。由此可以看出，在体育教学模式中，引入和运用先进的技术手段是其发展的重要趋势。

（五）评价标准的多元化

体育教学模式的不同，其评价的方式也会有所不同。随着现代教育改革的不断深入，体育教学模式也发生了较为明显的变化。单一的评价方式很难对某个体育教学模式的科学性作出全面、客观的反映。这就要求在评价时要采用全面的评价方式，所选择的评价指标也必须多元化。

传统的体育教学模式过于重视结果评价，而忽视了对学生学习和实践过程的评价，这就使得学生在学习兴趣、爱好、情感反应等方面很难得到全面的反馈。现代的体育教学模式逐渐摆脱了单一的终结评价方式，开始重视学生的学习过程评价、单元评价及学生的自我评价等。就目前来说，我国体育教学模式呈现出多样化格局，目前以"三基"（基础知识、基本技术、基本技能）为主的传统体育教学模式在体育教学实践中仍占据较大的比例。这和传统体育教学模式的影响是分不开的，与人们对体育课程陈旧的认识也是密切相关的。过去，人们对体育课程的理解就是增强体质和发展身体，所以一切体育教学活动都是围绕着运动技术的传授、"三基"的掌握进行的。随着时代的发展，教育理念的更新，体育课程功能的多元化，各种体育教学模式的实验也应运而生。从一些学者总结的比较成熟的几种体育教学模式（传授动作技能、提升身体素质、发展体育能力、发展学生个性等体育教学模式）来看，人们对体育课程有了新的认识。可以说，体育教学模式的改革与发展体现了体育课程观的发展，体现了人们对体育课程发展的追求。

第四节 新型体育教学模式的构建和运用

一、新型体育教学模式的构建

（一）构建原则

1.坚持教学目标、内容、形式、结构与功能的统一原则

从本质上讲，新型体育教学模式的建构是处理好体育教学活动中形式与内容、结构与功能的关键所在。所以，体育教师应该对各类体育教学课堂结构和形式的功能与作用进行全面分析，并以教学目标和条件为依据对教学模式作出合理的选择。

2.坚持统一性与多样性的统一原则

新型体育教学模式构建的统一性是指在构建和创造体育教学模式时，要继承中华人民共和国成立以来我国的体育教学思想和成功经验。新型体育教学模式构建的多样性是指在开发和构建体育教学模式时，应尽量多样化，避免单一化与程序化的不足。

3.坚持借鉴与创新的统一原则

新型体育教学模式要坚持借鉴与创新的统一性。主要借鉴两方面的内容：一方面，要借鉴国外的先进教学模式理论；另一方面，要借鉴国内的先进教学模式理论与成功教学经验。随着全球化趋势的加强，学校体育教学也必然会受到教育全球化的影响，不对国外先进教学模式理论加以借鉴是故步自封的落后表现。因此，要借鉴和结合国外先进理论，以此来进行创新，这样才能从成功的经验中获得新的知识，吸取失败的教训，不走或少走弯路。具体来说，统一借鉴与创新，要以正确的体育教学思想为指导，革新原

有的、落后的体育教学模式，借鉴前人和他人的成功经验和理论，结合教学中的客观实际，提高体育教学的效率。

（二）构建步骤

概括地讲，新型体育教学模式构建的主要步骤如下：

第一，明确指导思想。选择某种教学思想作为构建模式的依据，使教学模式更突出主题思想，并具有理论基础。

第二，确定构建模式的目的。在明确指导思想的基础上，确定建构体育教学模式所要达到的目的。

第三，寻找典型经验。在完成第二步的基础上，通过调查研究，寻找恰当的典型经验或原型作为教学案例，案例要符合模式构建的思想与目的。

第四，抓住基本特征。运用模式方法分析教学案例，对教学案例的基本特征与教学的基本过程进行概括。

第五，确定关键词语。确定表述这一体育教学模式的关键词语。

第六，简要定性表述。对这一体育教学模式进行简要的定性表述。

第七，对照模式实施。对照这一体育教学模式进行具体实践教学，并进行实践检验。

第八，总结评价反馈。对体育教学实践进行验证，对实践检验的结果进行总结、评价与反馈。

第九，总结。通过初步实践调整修正模式，并反复实践，以不断完善。

二、新型体育教学模式运用的参考依据

新型体育教学模式的选择与运用主要把握以下几个参考依据：

（一）参考体育教材性质

体育教学以教材为基本工具，教师教学、学生学习都要借助教材这一基本教学工具。体育教材也是体育教师与学生共同完成体育教学目标的内容载体。通常把体育教材分为概括性教材与分析性教材两大类，这主要是根据体育教材内容的性质划分的，具体分析如下：

1.概括性教材

这一类教材中,没有需要学生学习掌握的较难的运动技术,对概括性教材进行讲解的主要目的是使学生对体育项目有简单的了解,培养学生体育学习的兴趣,促进学生的身心健康发展。学生在学习该类教材时注重体验乐趣,获取快乐,教师可以选择快乐式教学模式、情境式教学模式及成功教学模式进行教学。

2.分析性教材

这类教材中的运动技术具有一定的难度,对这类教材进行讲解的主要目的是提高学生的自主学习能力与创新能力,促进学生体育知识与技能的增长,注重培养学生在学习该类教材时的学习兴趣与创造力,教师可以选择主动性教学模式、发现式教学模式及领会式教学模式进行教学。

(二)参考体育教学目标

体育教学模式构建与运用的关键是教学目标,体育教学模式需要体育教学思想与目标为其提供活力、指明方向。体育教学思想与目标也是区分教学模式的标准。体育教学目标在新课程改革之后有所改变,主要涵盖了四个方面:①提高学生运动参与能力与积极性的目标。②促进学生身心健康发展的目标。③促进学生正确掌握运动技能的目标。④提高学生社会适应能力的目标。这四个体育教学目标要求教师在体育教学过程中选择情境体育教学模式、探究体育教学模式及成功式教学模式进行教学。

(三)参考体育教学对象

体育教学活动离不开学生这一教学主体,学生是体育教学活动中非常重要的组成部分,所以要针对不同学生的具体情况与特点运用教学模式。学生的学习阶段按年龄大致可以分为小学、中学(初中与高中)、大学三个时期。学习时期不同,学生的身体与心理情况也有明显不同,所以体育教学模式的运用要考虑不同学习阶段的学生的具体情况,具体如下:

学生在小学时期,身心特点具有游戏性,因此适合这一时期的体育教学模式有快乐式教学模式与游戏体育教学模式。

学生在中学时期,比较热衷不同种类的体育运动项目,而且中学生也具备了相应的思维与逻辑分析能力,因此适合这一时期的体育教学模式有小群体体育教学模式与探究式体育教学模式。

学生在大学时期，主要接受专项体育运动教学训练，因此适合这一时期的体育教学模式有技能型体育教学模式。这个时期也要发挥体能型体育教学模式的辅助作用。

（四）参考体育教学条件

不同地区或学校的体育教学条件具有明显的复杂性与差异性。以城区和偏远地区为例，两个地区的经济水平差距很大，因此体育教学场所、设施与器材也有很大差距。针对这一情况，体育教师要实事求是，从实际出发，选用恰当的体育教学模式来完成教学目标与任务。偏远地区学校的教学水平与条件有限，不宜采用要求外部教学条件良好的小群体教学模式。

三、两种新型体育教学模式的构建与运用

（一）启发式体育教学模式的构建与运用

启发式体育教学模式是指在体育教学活动中，教师以体育教学目标、教学规律、学生的认知水平和年龄特点为主要依据，采取各种教学手段来引导学生独立思考、积极主动地获取知识、解决教学中出现的问题的过程。解决教学中出现的问题、提高体育教学的质量和促进学生体育学习积极性的发展是体育教学模式的实质。

1.启发式体育教学模式的构建

（1）创设问题情境

体育教师在创设问题情境时，要以体育教材的重点和学生的客观实际为依据。在创设问题情境的过程中，体育教师不仅要解决学生在学习过程中遇到的问题，还要采取一定的方法与措施来引起学生的好奇心，使其主动提出疑惑，积极思考解决疑惑，这样有利于充分调动学生的学习热情，提高学生逻辑思考与客观分析及解决问题的能力。

（2）采用直观的教学手段

体育教师在启发学生的过程中，要尽量采用直观的教学手段，减少抽象概念的使用。直观手段具体是指使用多媒体、录像、图片等直观教具。直观教学有利于学生学习兴趣的激发与提高，用最为简单的方法清晰地掌握学习内容。

（3）采用多样化的练习手段

体育教师在引导学生进行练习时，要以体育教学任务、目的和要求为主要依据，要

善于采取一些有助于启发教学的练习方式，将其作为辅助学习的手段。除此之外，体育教师还能以教材内容为依据对多样化的练习手段加以运用，以此来促进学生学习兴趣和学习效果的提高。

2.在体育教学中运用启发式教学模式的注意事项

（1）明确教材重点与难点

体育教材的重点是学生要掌握的关键内容，教材的难点是学生不容易掌握的内容。教师运用启发式教学模式进行教学时，要以教材的重点为中心，通过口头叙述、动作示范等各种教学方式来引起学生对教材重点内容的思考。体育教师也可以针对重点动作做一些生动、逼真的模仿，如此，学生能比较容易地掌握教学内容。除此之外，教师也要重视学生的身心特点、认知能力和学习基础，遵循因材施教的教学原则，使每个学生的学习效率都能得到保障。

（2）对多元评价体系进行科学构建

评价学生的学习过程或结果主要是为了检测学生的学习效果，对学生学习体育起到一种督促与激励的作用。合理的评价有利于提高学生学习的积极性和主动性。评价的具体实施步骤为：评价标准的确定—评价情境的创设—评价手段的选用—评价结果的利用。评价要合理，不能过于死板地限制标准答案，要根据具体情况保留一定的评价空间。教师在对学生的学习技能作出评价时，还要引导学生进行自我评价或学生之间进行互相评价。

（二）合作式体育教学模式的构建与运用

体育教学活动中，运用合作教学模式有利于提高学生的合作意识与能力，有利于增强学生交往、实践及协调能力，也有利于学生个性发展和终身体育意识的形成。

1.合作体育教学模式的构建

（1）构建程序

第一，要以体育课程标准规定的教学时间与教学内容为主要依据，对上课时间进行合理的分配与安排。通常，在体育教学活动中，体育理论知识教学占总教学时间的30%；学生体育能力培养占总教学时间的30%；体育技术教学占总教学时间的40%。

第二，进行体育课堂教学之前，教师要做好课堂教学计划，即教案。教师制定教学计划时，要加强与学生的合作，与学生一起探讨选用哪种教学方法。

（2）具体实施

第一，明确教学目标。体育教学的第一环节就是要明确并呈现教学目标，这一环节中，体育教师的口头讲解、动作示范要与学生的观察、体验、思考有机结合，加强师生之间的沟通与交流。

第二，对学生进行集体授课。对学生进行集体授课时，体育教师要适当缩短授课时间，提高教学效率，从而留出更多的时间为下一环节（小组合作）做准备。教师要注意提高学生的学习积极性，善于运用一些新颖的活动。

第三，加强小组合作学习。学生的学习主体性和学生之间的沟通与交流是小组合作环节的重点，学生要在小组合作学习中积极发表自己的意见，提高自己的主动性、积极性和创新性。

第四，实施阶段测验。在一个教学阶段结束后，教师对各个学习小组进行阶段测验，从而对学生在这一阶段的学习情况与效果有一个初步了解。

第五，积极反馈。在反馈阶段，体育教师要综合评价学生在这一学习阶段的具体表现。学生在小组合作学习过程中获取的知识比较零散，而且系统性很差，所以教师要正确引导学生归纳所学知识，便于学生掌握与记忆。小组测试也是反馈的一个重要手段，测试可以反映出学生学习的不足，从而有针对性地对其进行纠正与完善。

2.合作教学模式在体育教学中运用的注意事项

（1）更新教学观念

合作教学模式在体育教学活动中的运用要求对传统的体育教学观念进行更新，对学生的重要性进行重新认识，重视学生的主体地位，引导学生充分发挥自身的主观能动性，尊重学生的人格。教师在教学过程中，要加强与学生的合作交流，以学生的具体情况为依据进行教学。

（2）注重学生主体意识的培养

第一，体育教师在体育教学活动中，要想方设法地激发学生的思维活动与学习热情，引导学生积极发现与探索新问题、新情况，在引导过程中，注重学生自主意识和独立能力的培养。

第二，教师要注重自身的引导作用，通过提问、质疑等手段，引导学生把注意力集中到课堂教学中。

第三，教师主导性的发挥要以实现体育教学目标为出发点，倘若没有从教学目标出发，就谈不上对学生主体性的培养。

第五章 体育运动训练概述

第一节 体育运动训练基础知识

一、体育运动训练的发展历史

（一）初级任意训练阶段

从古代奥运会到 20 世纪 20 年代，参加运动训练的人非常少，参加比赛的就更加寥寥无几。人们对运动训练的认识还停留在原始的初级阶段，只是在参加比赛前练几次或几周，没有专门的运动员和规律的节奏周期，人们处在想怎么练就怎么练的任意训练阶段。在比赛中获胜的通常是某方面体能较为突出的。比如身健力大者在投掷项目中力拔头筹，善跑者在中长距离跑中夺魁，爆发力、弹跳力较好的矫健者在短跑、跳跃项目中取得胜利。但其运动技术是粗糙的，比如运动员的起跑动作各不相同，投掷姿势也是五花八门。这是因为没有专业人员对运动训练方法及运动技术做专门的研究。

运动训练的科学理论与方法伴随着现代奥林匹克运动的发展而逐步完善，最终形成了完整的理论体系运动训练学。在 20 世纪 20 年代，苏联便开始了对运动训练原理的研究，并推出了一本阐述训练学的专著——《科学的训练原理》。

（二）技术革新和大运动量训练阶段

从 20 世纪 30 年代开始，随着体育运动的普及，参加体育运动的人越来越多，奥运会比赛项目也逐渐增多，参加各种运动训练的人数及参加比赛的运动员也越来越多。为了在比赛中取得胜利，对比赛前的运动训练提出了更高的要求，单纯靠体能的强健及简单的运动技术已不能在比赛中占据优势。人们开始对运动训练及运动技术进行专门的分析和研究，并组织全年的系统训练，把全年划分为基本的准备期、比赛期和休整期，对运动量、负荷强度、间歇密度和训练方法进行探讨和交流，总结出一些运动训练的理论及规律。在运动技术上不断创新发展，如跳远的动作从蹲踞式发展到挺身式，又发展到空中走步式，从走两步半到走三步半，空中动作更加完善；推铅球的技术从原地推到侧向滑步推、背向滑步和旋转式推；跳高的技术发展得更快，从跨越式、剪式发展到先进的俯卧式、背越式，跳高的世界纪录不断被刷新。在运动实践中，人们发现，只有训练量达到某一程度，才会有质的提高。运动员由一天练一次到一天练两次，甚至一天练三次。保加利亚举重运动员率先进行一天三次的大运动量训练，在举坛上异军突起，保加利亚也成为举重强国。当然，这个时期的运动训练仍然缺乏科学依据，竞技指导者通常根据个人的经验或模仿优秀运动员技术动作开展训练，有的甚至依据驯马的实践经验来决定运动员的训练量。美国最先出现了真正意义上的运动训练。一天安排两次训练的方法产生了明显的效果，随之开始推行到一些运动项目中。有经验的运动训练指导者开始从运动员自身的能力出发探索新的训练方法，以求运动成绩有所突破。美国人不仅从运动员自身情况出发，还根据不同运动项目的特点来指导和组织训练活动。

我国运动员自 20 世纪 50 年代开始，贯彻"三从一大"的训练原则，在广大教练员、运动员的辛勤努力下，一些项目的运动成绩已经进入世界水平。

世界先后出现了"利迪亚德训练法""全能训练法"。"利迪亚德训练法"能够有效地指导中长跑训练，对世界中长跑成绩的提高起到了重要作用。"全能训练法"同样被各国采用。随着社会的进步，科技的发展，各国在运动训练上投入了大量的人力和财力，各项运动技术越来越先进，大运动量的训练使运动员的身体机能得到了较大的提高，各项运动成绩日新月异。

20 世纪八九十年代，我国运动训练学界对运动训练学理论的建设有重要贡献。1983 年，我国学者田麦久等对主要竞技项目进行了科学分类，在此基础上就一般训练理论与专项训练理论之间建立一个新的理论层次提出了构想，并于 1990 年发表论文《项群训练理论及其应用》，8 年后又出版了研究专著《项群训练理论》，该专著分别阐述了依据不同主导竞技能力而划分的八个项群的训练特点，由此完善了运动训练的理论体系。

（三）现代科学化训练阶段

从 20 世纪 80 年代开始，世界经济高速发展，社会进入了电子和信息时代，科技发展速度也越来越快。现代通信设备和技术的发展，使信息获取的速度加快、手段增多，新的训练方法、运动技术难以被垄断。运动器材、训练设备的改进，更有利于发挥人体的运动能力，科技成果在现代运动训练中的应用范围越来越广，选拔运动员不再只依靠"眼观尺量"，而是利用电脑技术、遗传学、生物工程学技术、人体测量学等知识；在选拔运动员上实现了早期科学选材及目标跟踪，运动员成才率大大提高。

在训练计划的制定及新战术的创新演练方面，高科技成果大放异彩，把竞技对手比赛中的战术录像输入计算机，通过计算机专门系统的分析处理就可以编制出相应的战术对策。

通过对大运动量训练的研究，人们在现代训练过程中发现，运动量的增加是有一定限度的，而且随着运动量的增加，产生的疲劳和运动损伤与疾病也随之增加。这迫使人们不得不考虑如何更加科学地安排大运动量训练。在这方面，我国田径教练马俊仁经过数年潜心科学化训练的实践和研究，成功地总结出一套现代科学的大运动量训练理论和训练方法。他打破了运动员长期以来只练一个体育项目的传统观点，强调先发展速度再发展耐力，这使他训练的队员从 800 米、10 000 米到马拉松各种中长距离和超长距离跑都能有世界一流的成绩。马俊仁训练的队员王军霞在 1 500 米、3 000 米和 10 000 米跨度较大的比赛中都打破了世界纪录。马俊仁的独特训练理论和方法被世界田径界公认为"马氏训练法"。

就理论方面而言，现代运动训练理论研究可以分为两大流派：一派以俄罗斯、德国和中国为代表，研究注重严谨与理论体系的完整；另一派以美国为代表，其对具体运动项目训练方法的研究注重实用性，集中精力深入研究单项目。近些年来，我国学者在运动训练的基本理论方面不断推出新的研究成果，出版了一系列运动训练学领域的研究性专著。这些独具特色并有重要理论价值的研究，被称为运动训练学理论的"中国流"。

随着科技的发展，现代训练科学化是体育科学和运动训练学发展的必然结果，也是世界范围内科学技术的飞速发展和现代高水平的竞技运动对运动训练提出的更高要求。现代科学技术对体育领域的介入是强有力的和全方位的，竞技选手创造优异成绩的艰巨性也迫切要求科技的全面介入。现代运动训练实践已经证明，科学化的训练和科技成果在运动训练过程中的运用，大大提高了运动员的竞技能力。在科学化训练阶段，运动训练步入了崭新的科学时代，带来了各项运动技术的发展完善和各项竞技运动水平的快速提高，使赛场上的竞技水平更高，竞争更为激烈。

世界范围内，高新技术的发展和普及，使得现代科技成果越来越广泛地应用于运动训练，这必将给运动训练带来新的发展和飞跃。

二、体育运动训练的特点与要素

（一）运动训练的特点

1.目标专一，任务多样

运动训练以创造优异的运动成绩为目的，因此训练目标非常专一，安排的训练项目、内容也都具有专业性。随着现代竞技运动的快速发展，比赛竞争也越来越激烈，要求运动员的各种能力都要有所突破，不断刷新成绩。因此，不但要开展全面训练，还要依据运动专项的特殊要求，在不同训练阶段采用不同手段。运动训练强调专门性，但也不排斥有利于提高专项运动能力的其他项目的训练内容和手段。实际上，很多运动训练项目都相互借鉴、参考有利于自身发展的方法。因此，运动项目、内容的专门性不仅指专项本身，也是指运动训练的目的和可能性。

虽然运动训练有明显的专一性，但具体的训练任务却是多样的。有的运动训练项目不仅要开展各种体能训练，还要开展技术训练；不仅要开展战术训练，还要开展心理素质训练。这些任务既有训练因素方面的训练任务，也有非训练因素方面的训练任务。

2.内容复杂，方法多样

运动训练的功能和任务是多样的，训练过程是复杂的，运动训练内容也具有复杂的特点，这就需要教师不断探索更多的训练方法、手段，并在此过程中进行科学合理的选择。现代运动训练的基本手段是开展身体练习，只有进行各种身体练习才有可能提高运动能力。在具体的训练实践中，既要根据不同任务选择最有效的手段和方法。以此来提高训练的效果，又要采用多种手段、方法达到同一目的，从而提高运动员的兴趣，使运动员能够主动、自觉、积极地进行训练。

3.过程长期，安排系统

运动员肌体的生物节奏变化是周而复始、循环往复的；运动竞赛安排也具有周期性特点，按一定的动态节奏，循环往复地安排训练强度和负荷强度，因此运动训练的过程是长期的。运动员只有经过长期系统的训练，才有可能产生良好的训练适应。运动实践证明，运动员要想在短暂的时间内达到世界水平几乎是不可能的、不现实的，必须要经过多年的系统训练。从本质上讲，运动能力提高的过程是运动员有机体适应训练刺激，并由量变到质变的过程。在运动训练中，没有长时间量的积累，就不会有质的变化和提高。训练过程会受到多种因素的影响，所以要把计划安排的长期性与阶段性紧密结合起来。

4.计划科学，有针对性

现代训练的科学化水平越来越高，其科学性主要体现在运动训练的计划中，教练员、运动员以训练计划为依据实施训练。没有计划的训练，是一种盲目散漫的训练；有计划，但安排得不科学，也难以达到好的训练成效。运动训练在很大程度上是一个人的训练过程。优异运动成绩的取得，与运动员的天赋才能、运动素质的发展、技术与战术的掌握、心理素质的优劣及文化素养的高低有密切的关系。这些基本能力存在很大的个体差异，但在一定程度上可以互补。只有针对性强的训练刺激，才会最大限度地挖掘和发挥运动员的潜力，提高运动员训练水平。在一些集体对抗项目，如篮球、足球、排球的训练中，由于位置和分工的不同，也要实施一定程度的个别训练。但是要注意的是，针对性并不是否认群体训练中特定的训练过程和时间，以及练习形式、内容、方法安排上的一致性。

5.负荷极限，重视应激

在运动训练过程中，通过练习对运动员有肌体施加强烈的刺激，能引起有肌体深刻的反应，充分地挖掘肌体的最大机能潜力。运动员如果不能承担大负荷乃至极限负荷的训练，是难以适应现代训练和比赛要求的。现代运动训练负荷越来越大，为了在竞技比赛中获胜，日常训练中的训练量或训练强度都大大超过了比赛所需，这是运动训练发展的趋势。如今，各个国家都选择这种"超量"的训练理念，这也就要求运动员要承受非常人所能承受的艰苦训练。当然，极限负荷是相对的，是就运动员个体而言的，当某个训练阶段的负荷达到运动员个体的极限时，在适应后就要进一步提高负荷水平。

运动训练要求最大限度地发挥人体的机能潜力，人体运动能力的提高是人体适应能力的提高。想要提高人体适应能力，就必须最大限度地通过各种运动应激刺激运动员肌体。运动员只有具备承受高水平负荷的能力，才能拥有高水平的运动成绩。专项运动成绩实际是运动员对专项负荷强度的承受能力，而承受负荷强度的能力越高，运动成绩就越好；反之，就越差。因此，在运动训练中要根据机能适应规律科学地加大运动负荷。

6.效果有表现性，表现方式有差异性

运动训练的效果和最终目的主要是运动成绩的提升和促进身体健康。训练的效果及

训练后提高的运动技术水平、运动成绩都需要通过比赛表现出来，如此，才会得到社会的认可。在比赛中，不能表现出平日训练最高水平的运动员，不是一名真正优秀的运动员。因此，在日常训练中要加强对运动员比赛能力的培养，力争将平日的训练成果在重大比赛中以优异的运动成绩表现出来。在运动训练的过程中，既要着眼于竞技能力的提高，又要根据长期、近期要参加的比赛进行科学训练。

运动成绩要通过一定方式表现，但运动项目和比赛方式不同，所以运动成绩的表现方式也各不相同，有的用功率指标表现，有的用比分表现，也有的用评分方式表现。这些表现形式都有十分严格的规则和条件，否则，即便在正式比赛中表现出来也不一定能被承认。

除上述几个特点，运动训练中的竞技能力结构还具有整体性，而各子能力之间又具有互补性。虽然不同项目运动员竞技能力的构成有各自的特点与侧重，但不论哪一个运动项目，运动员的竞技能力都是由体能、技能、战术能力、心理能力及运动智能等构成。各项目运动员的主导竞技能力及次要竞技能力，以适当的发展水平、相应的结构协调地组合在一起，构成了运动员表现于专项竞技之中的综合竞技能力。同时，各子能力之间相互促进、相互制约，发展较好的优势子能力在一定程度上对发展滞后的劣势子能力产生补偿作用。例如，发球变化多、攻球速度快的亚洲直拍乒乓球选手在与相持能力强的欧洲横拍选手比赛时，力求在前三板中得分。

（二）运动训练的要素

运动训练具有丰富的内涵，它是一个教育的过程，提高运动员的竞技能力和运动成绩是其目的所在，它需要教练员和运动员的积极参与和配合。运动训练的构成要素包括训练时间、训练形式、训练强度、训练负荷。

1.训练时间

通常情况下，一次运动训练应至少保证20～30分钟，且有一定的强度，以保证运动效果。以肌肉耐力与力量训练为例，训练时间与训练中的重复次数成正比。对于一般训练者来说，在阻力充足的条件下，使肌肉全力以赴地练习8～12次，就可以在发展肌肉耐力的同时，使力量得到一定程度的训练。当训练者有了进步后，每种抗阻力的训练应重复2到3组。人的身体不会因为一次运动就变得更健康，肌肉、体脂肪、神经反应、心肺功能等，都需要至少4～6周的持续运动才有可能改善。一般而言，运动后的24～48小时，生理状况会比运动前差，只有经过一段时间的休息与恢复后，身体才会适应运动后的生理变化，变得比运动前要好。因此，在进行训练时，需要掌握训练的强度及恢复的时间。

2.训练形式

运动训练的训练形式即练习形式。为提高运动员的有氧耐力，通常需要进行慢速跑步、越野跑、骑自行车、游泳、划船等周期性运动。要开展柔韧素质训练，可选择器械练习（肋木、平衡木、跳马、把杆、吊环、单杠等），也可以利用外部阻力（同伴的助力、负重）进行练习，或者利用自身所给的助力或自身体重进行练习（如在吊环或单杠上做悬垂等）。在运动训练实践中，选择练习形式时，应遵循科学训练的专门性原则。例如，为了增强训练者的心肺功能，应让其做提高心肺功能的练习。在需要集中精力完成专门的训练任务，对主要技术动作和战术配合环节的训练进行加强时，适合采用分解训练的形式，这样可使训练取得更好的效果。

3.训练强度

合理安排训练强度是运动训练中需要重点考虑的问题。有很多方式可以衡量训练强度，如心跳、耗氧等。力量素质的训练强度，通常以不造成训练后隔夜的疲劳及不适感为主。通常情况下，训练强度会因为运动训练形式的变化而变化。例如，在以提高心肺功能为目的的训练中，训练者必须全力以赴，使训练心率提高到心率储备的90%的水平。

运动训练的训练内容不同，其训练强度的具体指向也不同。例如，在肌肉力量与耐力训练中，强度指的是在某一特定练习中克服大量阻力的百分比。在确定力量训练强度时，依据最大重复量（简称RM）是最简便的方法，10RM表示能完成10次举起的最大重量。对于一般训练者而言，8～12RM是提高肌肉力量与耐力最适宜的训练强度。

在传统的训练中，通常采取高训练量、低训练强度的原则。近年来，实际的训练情况与比赛结果证明，长期进行高训练量、低训练强度的练习，运动员会感受到神经系统和肌肉的疲劳，从而降低训练效果。运动员在进行大量的低强度训练时，神经系统极易疲劳，无法发挥运动员的个人潜能。因此，要想取得好成绩，就必须摒弃大训练量、低强度的训练方式，而采用高强度负荷的训练方式。

4.训练负荷

运动负荷以身体练习为基本手段对训练者有肌体施加训练刺激，是训练者在承受一定的外部刺激后，生理和心理方面所表现出来的反应程度。一般情况下，可以通过对训练负荷诸因素的控制，构建不同特征的训练方法，进而利用不同特征的训练方法有针对性地提高训练者的体能素质水平。训练负荷是运动训练过程中最为活跃的因素。在运动训练的全过程中，从每一次训练到全年训练、多年训练，都要安排适宜的训练负荷，科学控制负荷的动态变化。评定训练负荷的大小指标有训练的次（组）数、距离、时间、重量、速度、难度、心率、血压、血乳酸、血红蛋白、尿蛋白等。

三、体育运动训练对肌体的影响

（一）体育运动训练对运动系统的影响

运动系统由骨、关节和骨骼肌组成。不同形式的骨连接在一起构成了骨骼，形成了人体体型的基础，并为肌肉提供附着点。骨骼肌是运动系统的动力源，在神经系统的支配下，肌肉收缩牵拉其附着的骨，以关节为枢纽，产生肢体运动。

1. 对骨的影响

骨是以骨组织为主体，在结缔组织或软骨基础上经过一定的发育（骨化）而形成的。

（1）促进骨的生长发育

对青少年而言，骨的有机物含量大、可塑性大，长骨两端仍保留会使骨增长的骺软骨。在体育活动中，骨承受了各种运动负荷的刺激，可促使骺软骨细胞增殖，有利于骨的增长。在进行体育运动时，血液循环加快，可以保证骨的营养供给及新陈代谢的需要，从而促进骨的生长发育。经常在空气新鲜、阳光充足的户外进行体育锻炼，有助于人体对钙的吸收，尤其对青少年的骨骼生长发育及老年人的缺钙性骨质疏松症的改善有益。由于运动刺激的效应，骨能量代谢的合成需要在运动后的休息时间内完成。因此，在剧烈活动后，必须有足够的休息时间，以保证骨新陈代谢的正常进行。

（2）使骨增粗和提高骨的机械性能

经常参加体育锻炼，可使骨表面的隆起更为显著，骨密质增厚，管状骨增粗，骨小梁的分布更符合力学规律。骨的这种良好变化，与肌肉的牵拉作用有密切关系。这一系列骨形态结构的变化，使骨的抗压、抗弯、抗折断和抗扭转等机械性能得到了提高。

2. 对关节的影响

关节的基本构造可分为主要结构和辅助结构两部分。关节的主要结构包括关节面、关节囊和关节腔，即构成关节的三要素。

体育运动训练可以使骨关节面的密度增加，骨密质增厚，以承受更大的负荷。关节面软骨是类似海绵状的结构，在运动时其小孔内可吸收大量滑液，承受较大的挤压应力，从而提高关节的缓冲能力。运动训练还可使肌腱和韧带增粗，胶原含量增加，单位体积内细胞数目增多，增强其抗拉伸的能力。另外，运动还可增大关节周围的肌肉力量，从而增强关节的稳定性。

运动训练项目不同，对关节柔韧性起的作用也不同。坚持采用各种科学有效的拉伸练习方法，可提高关节囊、韧带及关节周围的肌肉等软组织在力的作用下的弹性，增大关节的灵活性。

3.对骨骼肌的影响

根据肌纤维的结构和功能的特性，人体内的肌肉组织可分为骨骼肌、心肌和平滑肌三类。骨骼肌受运动神经支配，为随意肌；心肌和平滑肌受自主神经支配，为不随意肌。在运动过程中，骨骼肌是人体运动的动力。人体骨骼肌的收缩与伸展，促成了人体的每一个活动。小到眨眼睛、皱眉头等动作，大到跑步、举重、游泳、打网球等，都与人体骨骼肌的活动密切相关。

骨骼肌的收缩是人体运动的动力。当肌肉收缩时，肌原纤维内的肌纤蛋白丝和肌凝蛋白丝开始滑动，其滑动的幅度根据肌肉工作需要而定。肌肉收缩可表现为整块肌肉的长度发生变化，或不发生变化。根据肌肉收缩时的变化，其基本形式可分为四种，即向心收缩、离心收缩、等长收缩和等动收缩。在完成工作或对抗地心引力对身体的作用时，这几种收缩通常同时或按顺时发生。

肌肉收缩时，缩短长度的称为向心收缩。这种收缩的特点是：肌肉收缩使肌肉的长度缩短、起止点相互靠近，从而引起身体的运动。肌肉张力增加在前，长度缩短在后。但肌肉张力在肌肉开始缩短后就不再增加，直到收缩结束，故这种收缩形式又称为等张收缩，有时也称为动力性收缩。由于肌肉向心收缩通常是通过骨的杠杆作用克服阻力做功的，在负荷不变的情况下，要使肌肉在整个关节活动范围内以同样的力量收缩是不可能的。比如，当收缩肌肉以克服重力垂直举起杠铃时，随着关节角度的变化，肌肉做功的力矩也会发生变化。因此，需要肌肉用力的程度也不同。

肌肉在收缩产生张力的同时被拉长的收缩称为离心收缩。股四头肌在完成蹲起运动时，需要向心和离心同时发挥作用。下蹲时，股四头肌在收缩的同时被拉长，以控制重力对人体的作用，使身体缓慢下蹲，起缓冲作用，因此肌肉做离心工作也称为退让性工作。在所有的跳跃和投掷项目运动中，或多或少都需要肌肉进行向心收缩和离心收缩。

肌肉离心收缩可防止运动损伤，但超出肌肉离心收缩所能承受的负荷，也会造成运动损伤。离心收缩时肌肉做负功。

肌肉在收缩时长度不变的收缩称为等长收缩，又称静力收缩。肌肉等长收缩时，由于长度不变，不能克服阻力做机械功。等长收缩可使某些关节保持一定的位置，为其他关节的运动创造适宜的条件。要保持一定的体位，某些肌肉就必须做等长收缩，如做蹲起动作时，肩部和躯干的肌肉发生等长收缩以保证躯干的垂直姿势。在更复杂的运动中，身体姿势不断发生变化，因此肌肉的收缩形式也不断发生变化。

在整个关节运动范围内，肌肉以恒定的进度进行最大收缩，且肌肉收缩时产生的力量始终与阻力相等，这种肌肉收缩称为等动收缩，也称等速收缩。自由泳划水动作就是典型的等动收缩。等动收缩与等长收缩本质上是不同的。肌肉进行等动收缩时，在整个运动范围内都会产生最大的肌张力，因此等动收缩练习是提高肌肉力量的有效手段。

骨骼肌是进行人体运动的动力器官。目前，大量的研究已证实，科学的运动训练会引起骨骼肌纤维出现适应性变化，这种适应性变化主要表现在骨骼肌的形态、结构及功能等方面。经常参加体育运动的人，肌肉体积增大、重量增加，这主要是因为运动训练刺激了肌纤维收缩、蛋白的含量增加。研究表明，耐力训练引起慢肌纤维横截面面积增大，而速度、力量训练则引起快肌纤维横截面面积增大。

肌肉内酶活性随着运动训练发生了显著性变化，耐力训练使肌纤维的有氧代谢酶活性提高，速度训练使无氧代谢酶活性提高。经过系统的耐力训练，肌肉中线粒体数量增加，体积增大，肌肉有氧氧化生成 ATP 的能力增加。另外，经常参加体育运动锻炼的人，肌肉中毛细血管数量会增多，使肌肉血液供给得到改善。适度的体育锻炼通过使骨骼肌的结构发生适应性的变化，增加骨骼肌的最大收缩力，延长持续收缩时间，改善整体收缩能力。

（二）运动训练对心血管系统的影响

在运动过程中，器官组织通过自身调节使心血管系统适应运动的需要，主要有代谢性自身调节机制和肌源性自身调节机制两类。体内各器官的血流量一般取决于器官组织的代谢活动，代谢活动越强，耗氧越多，血流量也就越多。神经、体液和局部机制三者所起的作用是不同的。在多数情况下，几种机制起协同作用，但在有些情况下也可起相互对抗的作用。运动过程中，组织细胞代谢需要氧，并产生各种代谢产物，局部组织中的氧和代谢产物对该组织局部的血流量起到代谢性自身调节作用。因此，当组织的代谢活动加强（比如肌肉运动）时，局部的血流量增多，能向组织提供更多的氧，并带走代谢产物。

1.运动性心脏肥大

耐久运动或从事强体力劳动者会出现心肌生理性肥厚，并伴有心动过缓，这种现象被称为"运动性心脏肥大"，也叫"运动员心脏"。它是由运动引起的心脏适应性增大。这种心脏增大，形态上多以左室增大、室壁增厚为特征；机能上表现为运动时能较长时间地进行高效率的工作。一般常见于某些耐力项目的参加者，如马拉松、自行车、游泳、划船等项目的参加者。从理论上说，参加运动训练的时间越长，心脏增大的可能性越大。

2.运动对防治心血管疾病的作用

运动对心血管疾病防治作用的机制主要表现为中心效应和外周效应两方面。心血管疾病病人运动的中心效应主要有以下两方面：

第一，运动训练能增加心肌侧支循环的生成，从而改善心肌的血液灌注和分布，预防或延缓冠状动脉粥样硬化的发展。

第二，运动训练能降低安静和运动时的心率及收缩压，从而使心肌的耗氧量下降；运动训练可以提高心肌细胞线粒体的数量和氧化酶及ATP酶的活性，增加心肌毛细血管的密度，从而提高心肌收缩力和氧的供应。

心血管疾病病人运动的外周效应主要有以下三方面：

第一，通过外周骨骼肌和自主神经系统的适应性改变及相应的血流动力学的改变，改善心脏功能，提高肌体的运动能力。

第二，运动训练后，骨骼肌内线粒体数目增加及体积增大，有氧代谢酶活性增强，同时肌血红蛋白含量增高及肌糖原增加，从而使骨骼肌的有氧代谢能力增强。

第三，运动训练还可以增加毛细血管密度，刺激血管内皮产生内皮舒张因子，从而增强血管功能储备力。

（三）运动训练对呼吸系统的影响

呼吸是保证肌体维持正常生命活动的基本生理过程，是通过呼吸系统来完成的。在运动过程中，呼吸系统的机能会发生一系列的适应性变化，在增强呼吸系统机能的同时，提高组织对氧气的摄取能力，从而保证运动的顺利完成。

人体在运动过程中，由于消耗了大量能量，不仅需要补充更多的氧，还要排除氧化时所产生的二氧化碳。人体的活动状态不同，为了尽快地排除体内产生的二氧化碳并摄取氧气，肺的通气机能将发生相应的变化。安静时成年人的每分通气量为6～8升；剧烈运动时，随着呼吸频率的增加，每分通气量可增至80～150升，甚至更多。通气量的增大要通过呼吸运动的调节来完成。呼吸中枢进行呼吸调节时要接收来自不同感受器的反馈冲动，包括肺的牵张反射、呼吸肌的本体感受性反射及化学感受性反射等。运动过程中，随着运动强度的增加，每分需氧量也会相应增大，但摄氧量能否满足需氧量取决于运动项目的特点。在持续时间短且强度大的运动中，即使氧的运输系统功能已经达到最高水平，但摄氧量仍然不能满足需氧量，从而出现氧亏；在低强度运动的开始阶段，由于内脏器官的生理惰性，也会出现氧亏。

经常进行运动训练对呼吸系统的机能非常有益，主要表现在呼吸肌力量和耐力增强、肺活量增大和呼吸深度加深三个方面。

1. 呼吸肌力量和耐力增强

呼吸肌主要有膈肌、肋间肌和腹壁肌肉。此外，肩部、背部和胸部的肌肉也可起到辅助作用，称为辅助呼吸肌。经常进行运动训练可使上述肌肉发达，扩大胸廓，增加呼吸动作的幅度。呼吸肌耐力增强，表现为长时间的工作耐受能力增强，而且呼吸肌不易疲劳。

2. 肺活量增大

经常进行运动训练的人，肺活量比同龄不锻炼者大20%左右。这是因为在进行运动训练时，呼吸深度和呼吸频率都会相应增加，加强呼吸肌的活动，加大胸廓的扩张能力，使肺泡的扩张能力增强，肺活量也就逐渐增大。

3. 呼吸深度加深

经常进行运动训练可以加强呼吸肌力量，使呼吸深度增加，有效地增加肺的通气效率。安静时正常人的呼吸频率为12～18次/分，而经常参加运动的人可减少到8～12次/分。在运动时，如果过快地增加呼吸频率，会使气体往返于呼吸道，部分气体留在生理无效腔，导致真正进入肺内的气体量减少。适当地增加呼吸频率，深而慢的呼吸对肺泡气的更新要比浅而快的呼吸多。

经常进行运动训练不仅可以提高肺的通气能力，还可以提高肌体利用氧的能力。一般人在进行体育活动时只能利用其最大摄氧量的60%左右，而经过体育锻炼后可以使这种能力得到很大提高。

第二节 体育运动训练的原理

一、运动训练的理念及发展创新

（一）运动训练理念

1.教育性训练理念

（1）教育性训练理念的内涵

在运动训练过程中，教练员要重视对运动员文化教育和素质的培养，并强调这一方面的重要性，从而使训练和教育紧密地结合在一起，达到训练与教育相结合、相协调、相促进的效果，这对于提升运动训练效果具有积极的作用。

（2）教育性训练理念的理论基础

教育性训练理念的理论基础是多方面的，为了对这一理念有一个更加深入、全面的了解，下面从两个方面来介绍其理论基础。

第一，运动员的健康成长与自身文化教育水平有着密切的关系。运动训练是一种社会活动，这一社会活动能否顺利进行，主要取决于教练员、运动员、管理人员和科技人员等相关人员能否积极参与运动训练活动，并在活动过程中密切配合。教练员与运动员作为运动训练的主体，其知识水平是影响竞技运动发展的重要因素。现阶段，在运动训练过程中，运动员主体性难以充分发挥，而且运动员文化素质的培养也没有得到应有的重视，导致以往的运动训练出现了一系列的不科学现象，具体表现为：训练方法与手段单一，过分强调对身体素质、战术修养、心理素质等的训练，轻视对运动员文化和人文素质的培养，使得大部分运动员在激烈竞争的训练和比赛中力不从心。这在很大程度上制约了运动的发展，导致运动出现了滞缓现象。

第二，运动员运动水平的提高与其自身的文化素质水平有关。现代运动的较量，主要表现为体能、技能、心智能力等几个方面。在某些条件下，心智能力要比体能、技能重要，尤其随着运动员年龄的增长，心智能力的影响就显得更为明显了。一般情况下，具有较高运动智能的运动员，之所以能够大幅度提高自身的竞技能力，不仅因为能够较为深刻地把握运动的特点和规律，能够更准确地认识运动训练理论和方法，还因为对教练员的训练意图有更准确的理解，在高质量地完成预定训练计划的同时能够与教练员完美配合。准确地把握运动战术的精髓和实质，在比赛中灵活机动地运用战术，动员和控制自己的心理活动等也是高智能运动员竞技能力水平较高的重要因素。

2.人文操作性训练理念

（1）人文操作性训练理念的内涵

运动训练中，人文操作性理念的内涵主要体现在四个方面：强调对运动员独立的重视与尊重；对运动员思想与道德的关注；对运动员权利的关注；对运动员生存状况与前途命运的关注。

（2）人文操作性训练理念的理论基础

人文操作性训练理念的理论基础同样是多方面的，下面主要从三个方面来介绍人文操作性训练理念的理论基础。

第一，人的实施行为在一定程度上会受到其自身感知或信念体系的指导和影响。从人文主义、感知经验主义的角度来说，人之所以有行为，主要是受人的感知或信念体系的指导。而从人本主义的角度来说，人文操纵的方法，就是教练员必须按照他们的信念体系和他们要训练的运动员或人员的信念体系来工作。

第二，运动水平的提高，基础性的要求是与自然规律和价值规律相符合。运动是自然规律和价值规律的双重存在。现代运动训练讲求科学性，要符合该项目运动的客观规律。因此，为了取得理想的训练效果，在进行运动训练时，不仅要符合科学规律，还要在追求目标与实现目标的过程中符合人类正常的价值规律。除此之外，不仅要体现人文特征，还要将科学性与人文特征相结合、相统一，从而达到真与善的统一。

第三，人的主体性是人文的重点，人与技术的关系因此更加明确。人文不仅凸显了技术的灵动，也摆脱了"技术"对"人"的控制，这就明确了人的主体性及人与技术的关系。运动训练的过程就是教育的过程，教育重视的是发展内在动力，而行动力是由内在动力引导出来的。在运动训练中强调人文操作，不仅能够摆脱"技术"对"人"的控制，而且还能摆脱金钱对运动的束缚，从而达到公平竞争，弘扬体育道德，培养人性，挖掘人的潜能的目的。除此之外，情感、责任感、态度、信念等都决定了运动员的体能、技能、成绩等物化的成分，都具有非常重要的现实意义。

3.技术实践性训练理念

（1）技术实践性训练理念的内涵

在运动训练过程中，运动员的训练不仅要符合运动训练的一般规律，还要符合竞技项目的本质特征及规律。运动员本身具有双重性，不仅是技术的主体，也是技术的客体。技术的物质手段作为客体，与作为主体的主观精神因素是统一的。

（2）技术实践性训练理念的理论基础

下面主要从两个方面来介绍技术实践性训练理念的理论基础，这两个方面也是运动员在运动训练中要注意的两个要点。

第一，技术实践性训练理念要与事物的客观规律相符。技术实践性的基本要求就是求真，换言之，运动的技术实践性训练要符合事物的客观规律，运动要与运动项目的本质特征及规律相符。所谓的求真，就是在运动训练过程中，以运动的本质特点和规律为主要依据，科学指导运动训练过程，力争做到结合实际，与事物的客观规律相符合。

第二，技术实践性训练理念要遵循从实际出发的原则。在现代运动训练中，一切都要以符合实战为主，从实际出发和结合实战是进行训练最有效的方法。运动员只有通过不断的练习，才能够在比赛中有轻松、熟练和优秀的表现。要想取得理想的比赛成绩，运动员一定要做到积极训练。此外，训练要与比赛的情况尽可能一致，最大限度地展现比赛过程中出现的所有因素，这样才能取得良好的训练效果。

（二）运动训练理念的发展创新

1.理念的融合和创新是竞技体育发展的重要推动力

从宏观上看，控制论、系统论和信息论被引入竞技运动训练及运动训练领域。例如，马特维耶夫的周期训练理论、雅克夫列夫的超量恢复学说等都引起了训练理念的重大变化。田麦久教授设计的"竞技能力结构特征模型"，即"双子模型"，融合了木桶原理与积木模型；刘大庆教授提出的竞技能力的"非衡结构与时空构架"，融合了时空观。理念的融合与创新，需要思维的批判性、广阔性与合理性。这些理论或研究成果不仅是训练理念的一个组成部分，还促进了理念的发展，使人们在训练的计划性、系统性和控制性等方面形成了新的认识。间歇训练法被善于联想的教练员移植到速度滑冰、自行车、划船等耐力性项目训练中，同样取得了好成绩；举重与跳跃、投掷力量训练方法的互相借鉴，跳水与体操陆上训练方法的互相借鉴，均充分说明了竞技能力本质相近的项目之间，训练方法的移植与融合能显示出其突出的优越性。这些都值得竞技体育界广大教练员仔细钻研。美国学者莱文提出的"高住低训"高原训练理论，也是源于运动训练理念的融合与移植。这一训练理念被广泛地应用于耐力主导性项目中，模拟实验实质就是融合与移植。据此，研究者常把自然界难以再生的现象或需要创造的大型工程人为地模拟缩小到实验室内进行研究，把实验室的研究成果再移植到有待研究的事物环境中。这些理念的融合与创新对训练实践的影响、运动成绩的提高、国际竞技运动的迅猛发展起到了巨大的推动作用。

2.运动训练的理念需要创新思维

回顾运动训练理念的发展，不难发现，运动训练理念一直是在科学理论与实践经验的不断冲突和碰撞中得以丰富和发展的。科学理论与实践经验的不断冲突和碰撞激发了竞技体育活动过程中的创新思维。在竞技体育活动中，研究者通过改变常规思考和处理方向的方法来引发创新理念。例如，力量训练方法中，"正金字塔"与"倒金字塔"训练方法的应用、速度与耐力训练过程中组数与次数的逆变性组合，都会对运动训练产生一定的影响。徐福生改变了足球传统技术训练的教材顺序，从相对较难的运球技术入手，以过人突破技术为核心的侧变思维使得足球技术的掌握明显加快；球类项目中，诸多类似"扬长避短""攻其不备"和"黑马奇兵"的战术变化，都是通过部分改变对象的顺序、原理、属性、结构、大小等因素，或者融合了其他思想而引发的创新思维，这些对竞技体育发展起到了推动作用。

3.运动训练理念的变化发展

运动训练活动是一种开放的物质活动，总是在不断地拓展和深化，而且它不是原有物质活动的简单重复，因此必然会产生新情况，涌现新问题。作为训练活动的指导思想也不是一成不变的，当原有的运动训练理念不能有效地阐释新情况和解决新问题时，就要对运动训练理念进行创新，对运动训练的本质、规律和发展变化的趋势作出新的理论概括。在不同的时期和阶段，随着项目发展的形势和变化的需要，运动员的具体情况和特点各不相同，训练理念也在不断变化。这种变化反映了人们在使自己的思想符合客观实际，以形成正确的指导思想，促进训练的发展。不过，理念的主观形式与客观实际的统一也不是绝对的，而是相对的，因为人们的认识只能相对地逼近客观实际，而不可能穷尽客观实际。事物的发展变化是相对的，不以人的主观意志为转移。随着运动训练实践的进一步发展，原来与客观实际相统一的理念又变得不那么一致了，并且差距越来越大，这时又需要创新。在现代科学技术快速发展并向竞技运动训练大规模介入的背景下，运动训练发生了深刻和巨大的变化,教练员的训练理念也在不断补充与更新。实践证明,一个运动员成绩的快速提高,乃至一个运动项目水平的快速发展,通常都与教练员训练理念的补充和更新密切相关。科技的进步、经济的发展、社会的繁荣,为运动训练理念的发展提供了必要的条件,同时也会催生更新的运动训练理念,而原有的运动训练理念不会像人们所预言的那样进入衰退期,甚至是衰亡期,而是经过一段时间的调整,立足自身的优势,借鉴其他学科的长处,对自身进行有效的改造,从而获得新的发展。

二、运动训练的基本原理

（一）运动训练的运动学基础

运动学基础主要指的是运动技能的基础。运动技能是指人体在运动过程中掌握的可以有效完成专门动作的能力,也就是在准确的时间和空间里,大脑精确支配肌肉收缩的能力。提高运动技能依靠的是人们对人体机能客观规律的深刻认识和自觉运用。

人在参加运动的过程中,动力是通过骨骼肌不断地运动来提供的,骨骼肌在神经系统的支配下,收缩牵动骨骼,使人体处于某种姿势,或产生人体局部运动,最终促进肌体完成运动所需的各种动作。人体内脏器官的活动也离不开相应的平滑肌和心肌的作用。

在运动训练的过程中,多重刺激原作用于运动员肌体,引起各器官系统的机能发生一系列变化。依据机能表现形式,大致可分为赛前状态、进入工作状态、稳定状态、运动性疲劳和恢复过程五个阶段。

赛前状态：运动员在训练前,某些器官、系统产生的一系列条件反射性变化称之为赛前状态。赛前状态可出现在比赛前数天、数小时或数分钟。

进入工作状态：在训练活动开始后,虽然经过了一定的准备活动来适应,但是人体并不能立刻达到最高水平,而是逐步提高和适应,这一过程被称为进入工作状态,其实质就是人体机能的动员。

稳定状态：当肌体逐渐适应比赛时,则进入了稳定状态,这时,人体的机能活动在一段时间内保持在一个较高的变动范围。

运动性疲劳：肌体在运动过程中会出现一定的运动能力暂时下降的现象,一般称之为运动性疲劳。该现象是由运动训练负荷引起的一种正常的生理现象。适度的疲劳可以刺激机能水平不断提高，但发展到一定程度时就会出现过度疲劳，可能会造成肌体损伤，以致损害健康。

恢复过程：恢复是指人体在运动之后，各项生理功能恢复、能源物质补充、代谢物排出等一系列变化。运动时，体内代谢过程加强，不间断地代谢以满足运动时能源的补充需要，在运动中及运动停止后能源物质都在不断进行补充和恢复，只不过运动中的能量消耗大于补充，运动后的体内能量消耗慢，小于补充。

人在运动的过程中，运动训练负荷作为一种刺激，必然会引起各器官系统机能发生一系列的应激性反应。在运动训练前后，这些反应可表现为耐受、疲劳、恢复和消退等阶段。

耐受阶段：在运动训练开始时，人体的各项机能会在一定的水平上维持一段时间，并不会马上表现出衰减或降低，这一阶段称为"耐受阶段"。在这段时间内，由于肌体已经从上次训练课中得到了不同程度的恢复，会表现出比较稳定的工作能力，能高质量地完成各项训练任务。训练的主要任务正是在这个阶段完成的。

疲劳阶段：经过一段时间的运动训练负荷的刺激，人体会产生一定的疲劳，机能和效率都会逐渐下降。达到一定程度的疲劳，正是训练安排所要达到的目的。只有肌体达到一定程度的疲劳，在恢复期才能发生结构与机能的重建，运动能力也能不断得到提高。

恢复阶段：训练结束后，即进入恢复阶段，肌体开始补充所消耗的能源物质、修复和重建所受到的损伤，并恢复紊乱的内环境。肌体在恢复阶段恢复的速率，主要受两方面影响：一方面，耐受阶段持续时间的长短，耐受阶段持续时间越长，疲劳程度越深，恢复需要的时间也就越长；另一方面，运动结束后能量的补充是否及时，能量补充得越及时到位，恢复的速度就越快。

消退阶段：超量恢复不会一直持续，它会随着时间的推移而逐渐消失，如果不及时地在超量恢复的基础上施加新的刺激，已经形成的训练效果可能会逐渐消退。运动效果保持的时间长短和消退的速率主要取决于超量恢复的程度，出现的超量恢复现象越明显，保持的时间就越长。因此，在安排运动训练内容时，不仅要重视训练负荷安排的合理性，还必须重视运动训练后的恢复，并在出现超量恢复后及时安排下一次训练。

（二）运动训练的生理学基础

1.物质代谢

食物中包含多种营养素。人体从食物中摄取各种营养物质，经血液循环输送到人体各器官,通过相应的代谢为人体提供能量。糖、脂肪和蛋白质等营养物质经人体吸收后,人体的组织、细胞会通过合成、代谢构建和更新自身储存的能源物质,也会通过分解代谢(氧化分解)产生能量。

2.能量代谢

在进行不同项目的训练时,运动员应根据自身的年龄、身体条件及个人需要,选择适合的能量系统,同时还要注意所选择的运动手段和项目的科学化。运动员除了选择有氧氧化系统的项目,还可以适当选择乳酸能系统供能的项目,发展身体的无氧耐力。

在人体运动过程中,人体的运动形式不同,其能量代谢系统提供能量的能力和速率也会不同。总体来说,人体在运动过程中,各供能系统之间的关系与运动训练负荷的强度和持续的时间密切相关。在180秒内最大运动时,各供能代谢系统的基本活动主要表现出如下特点:在1~3秒的全力运动中,基本上由ATP提供能量;在完成10秒以内的全力运动时,磷酸原系统起主要供能作用;在30~90秒最大运动中,以糖酵解供能为主;2~3分钟的运动,糖有氧氧化提供能量的比例增大;超过3分钟的运动,基本上是有氧氧化供能。

大量的运动实践表明,随着人体运动时间的延长,供能物质由以糖有氧氧化为主逐渐过渡到以脂肪氧化为主。总之,人体在运动过程中,并不是依靠一个供能系统供能的,在有一个主要的供能系统基础上,其他的供能系统也会参与其中,共同完成人体运动所需要的能量供应。每个供能系统都有其独特的特点和供能能力,供能系统不同,所需要的能源物质也不同,运动中的输出功率和供能时间也会有明显的差异。

3.运动与呼吸

运动员在运动训练的过程中,肌体与外界环境之间的气体交换称为呼吸。呼吸系统包括呼吸道和肺,呼吸道是一系列呼吸器官的总称,这些器官包括鼻、咽喉、气管、支气管。人体的呼吸过程由外呼吸、内呼吸和气体运输三个环节组成。

呼吸系统是氧运输系统的重要组成部分,其主要机能是实现肌体与外界环境的气体交换,以使血液中的氧分压、二氧化碳分压、酸碱度维持在正常生命活动所允许的范围内。人体通过肺实现与外界气体的交换,通过血液实现气体的输送和排出。人体在运动时,肌体代谢旺盛,所需氧量及二氧化碳排出量会明显增加,呼吸系统加强,所以运动训练(特别是耐力训练)必将使呼吸系统的形态、机能产生适应性变化。

呼吸肌主要是膈肌和肋间外肌。当膈肌收缩时,腹部随之起伏;肋间外肌收缩时,胸壁随之起伏。因此，以膈肌运动为主的呼吸称为腹式呼吸，以肋间外肌运动为主的呼吸称为胸式呼吸。成人的呼吸一般都是混合式的。呼吸形式与年龄、生理状态、运动项目等因素有关。在进行运动训练时，要根据动作的特点灵活转变呼吸方式。

4.运动与心率

心率是运动生理学中最常用且简单易测的一项生理指标。在运动实践中，心率常用来反映运动强度和运动训练对人体的影响，并用于运动员的自我监督或医务监督中。成年人静息时心率为 60~100 次/分，平均为 75 次/分。年龄、性别、体能水平、训练水平和生理状况不同，心率也有所不同。

一般来说，人的心率会随着年龄的增长有所减慢。在成年人中，女性心率比男性快 35 次/分，有良好训练经历或体能较好者心率较慢。优秀耐力运动员静息时心率常在 50 次/分以下。在运动的过程中，随着运动强度的增加，心率也会相应地增加。因此，心率也是判断运动训练负荷的一项简易指标，能够在一定程度上反映运动员的体能水平及运动训练水平。

第三节 体育运动训练的管理

一、运动训练过程监控的理论体系

近年来，虽然我国的体育运动训练的科学性不断增强，但从世界整体运动训练过程来看，我国运动训练的科学性仍需提高。针对这一问题，专家学者从不同层面探讨了其解决方法，并提出了不断加强对运动员运动训练过程的科学监控这一观点。然而，要对运动过程进行科学监控，不仅需要制度化、规范化和系统化的监控方式，还需要运动训练过程的理论体系，这两方面就我国的现状而言，还没有实现。

（一）运动训练过程监控的内涵

1.运动训练过程概念的界定

为了增强运动训练过程概念的可操作性，学者一般都从狭义和广义两个层面对运动训练过程概念进行界定。其中，狭义的运动训练过程是指运动员在教练员的指导下进行运动训练的一个持续的过程，或这种过程的积累；广义的运动训练过程则指运动员从事运动训练的时间，包括参加的训练活动及训练活动以外的持续时间，这一持续时间可以是一天、一周，也可以是一个月或一年。

2.运动训练过程监控的内涵

运动训练过程监控是监控的一个下位概念，同它的上位概念监控一样，它可以应用的范围较广，而对这个

概念的界定及其内涵外延的研究却较少。在我国的训练学理论界，很少有学者对运动训练过程监控的概念进行系统性研究，但国家体育总局体育科学研究所研究员洪平博士对训练过程监控这一问题进行了较为深入的研究，并对运动训练过程监控的概念进行了阐释。在他看来，"训练监控"其实就是教练员对运动员予以训练控制的一种方法，是教练员为了保证训练实施效果与预定目标一致，运用监控手段测量运动员的训练效果与目标的偏离情况，并对其进行及时调整，使运动训练恢复到预定的轨道上的一种方法。一方面，教练员制定训练计划，对运动员实施运动训练，并施加训练刺激，在训练的过程中通过对运动员训练效果的各项因素的监测，测量运动员肌体对运动训练刺激的反应情况，以便为下一步训练提供参考和借鉴。另一方面，在运动员完成训练计划后，训练监控可以测量运动员对运动训练的反应，辅助教练员通过对运动员训练的反映与训练计划中的标准评价的对比分析，得出运动员训练的质量，为控制运动员训练的质量提供依据。

洪平博士对运动训练监控的概念分析为人们探讨运动训练过程监控的内涵奠定了良好的基础，但他的分析依然有几个问题有待商榷。比如，他对运动训练过程监控中的"监"进行了解释，但却忽视了对"控"的内涵探讨。我们认为，运动训练过程监控是"监"和"控"的统一，是将以科研人员为主组织实施的运动训练结果的监测、评定与以教练员为主实施的运动训练过程协调统一的过程。在这个过程中，科学的"监"是有效的"控"的前提和基础。

另外，洪平博士对运动训练监控的概念分析，表明运动训练监控实际上是对训练结

果的监控，但忽视了对整个训练过程的监控。从运动训练的整个过程可以看出，虽然每个阶段对运动员训练结果的监控是十分必要且重要的，但若从发现问题、分析问题、解决问题的角度来看，仅仅对训练结果予以监控显然是不够的，它只能帮助教练员了解训练活动对运动员肌体的刺激情况，只有加强对运动员整个训练过程的监控，对运动员每次训练课所承担负荷的种类与负荷量、强度等进行监控，教练员才能在每一个环节上都做好对运动员训练情况的把握，也才能切实发挥运动训练过程监控的应有作用。

综上所述，运动训练过程监控是为了确保运动员训练过程的科学性，以科研人员为主对运动员的训练过程予以检测和评定，并结合训练实施的情况对训练过程实施调控。这一概念包含了以下几方面的要点：

第一，考虑到运动训练过程是一个不断变化的动态过程，因此运动训练过程监控也是一个动态的过程，且这一过程会伴随着运动训练活动。

第二，运动训练过程监控的实施主体是教练员和科研人员，客体是运动员。其中，教练员和科研人员组织、控制着整个运动训练的监控过程，负责运动训练过程监控计划的制定、监控方法的选择与设计、监控过程的实施、监测结果的分析、调控信息的确定等。而运动员则是运动训练过程监控的直接对象，承担训练负荷、竞技能力状况、肌体机能的变化与疲劳恢复、伤病、营养等。

第三，运动训练过程监控是"监"的活动与"控"的活动的统一，这就意味着教练员在对运动员训练过程中的各个因素进行监测、检查的基础上，要对运动训练计划提出修改意见或建议。

第四，运动训练的主要目的是最大限度地发挥运动员的潜能，提高其竞技能力和水平；运动训练过程监控的目的与任务是通过对训练过程的不断监测、检查、评价，对运动训练计划的制定提出调控信息，确保训练的质量。

（二）运动训练过程监控的类型

按照不同的分类标准，可以将运动训练过程监控分为不同的类型。

1.按监控内容与运动成绩的关系分类

按监控内容与运动成绩的关系，可将运动训练过程监控分为决定性（或内因性）因素监控和影响性（或外因性、保障性）因素监控。

决定性（或内因性）因素监控是对决定运动成绩与运动训练效果的因素进行监控，而影响性（或外因性、保障性）因素监控是对影响运动成绩和运动训练过程实施的可控因素，主要指对运动营养状况、机能恢复状况、身体健康状况等因素进行监控。其中，内部因素是训练和比赛的核心因素，要想提高运动成绩，只有改进训练方法和手段，提高竞技能力。外部因素是运动员训练和比赛正常进行的保障。

2.按监控实施间隔的时间长短分类

按监控实施间隔的时间长短可以将运动训练过程监控分为即时监控、日常监控和阶段监控。

即时监控是对运动员一次运动训练后的身体变化情况所做的监控；日常监控是对运动员一次或几次运动训练后的身体变化情况所做的监控；而阶段监控是对运动员在一定时间内（如一周、一个月或几个月），由训练效果累积而获得的相对稳定的状态所做的监控。教练员只有及时和准确地了解运动员的状态，才能有效监控训练的进程，并确保训练的效果。

3.按评价类型分类

按评价类型可以将运动训练过程监控分为终末监控和过程监控。终末监控主要侧重监控运动员在训练过程后的结果，即评价的是运动员在特定时间段内竞技能力与身体机能的变化情况。通常情况下，终末监控的时间间隔较长，有的是一周，有的是一个月，有的则是一个训练周期。过程监控是对整个训练过程的监控，是在一定的时间序列上，对运动员每次运动训练所采用的方法、手段进行监控。此外，运动员每天的饮食、伤病情况也属于过程监控的范围。

如果终末监控反映的是一段时间内运动员的训练情况和训练效果，那么过程监控展现的就是这一效果产生的原因。因此，也有学者将即时监控和日常监控归入终末监控的范围，而将阶段性监控归入过程监控的范围。当然，这都是相对的，对于由 4 个月组成的准备期来讲，每一个月的监控相对于每次训练课来说都是终末监控，而对于 4 个月来说又是过程监控。

二、运动训练过程监控的组织与实施

（一）运动员选材

1. 运动员选材的概念和意义

运动员选材是根据具体运动项目的特点和要求，运用科学的方法进行测试和预测，将适合该项运动的、具有一定先天优势的运动人才挑选出来，对其进行系统的、科学的、有目的的培养，使其成为一个合格的、优秀的运动员。

伴随着体育事业的快速发展，现代竞技体育运动水平正在迅速逼近人类自身能力的极限。

一方面，一般的、普通的青少年是不容易成长为竞技运动的优胜者的，只有挑选那些具有一定的先天和后天条件的青少年，并对其进行科学、严格的训练，才能使其有可能登上世界竞技运动的高峰。所以，高水平的科学训练、优化的训练环境和运动员个人的优越天赋是其成为竞技运动获胜者必备的基础。在现代体育运动训练中，挑选优秀的运动员人才已经成为运动训练最重要的一步。

另一方面，运动员选材有助于充分挖掘和利用运动员的先天运动天赋。这里的先天运动天赋是指运动员所具有的稳定的、没有经过训练便已经具备的、随着运动员生长而自然产生并发展的运动潜能和能力的综合。在运动员选材的过程中，一般都会对备选运动员进行各方面的调查和测试，而这些调查和测试都有助于教练员发现备选对象身上的某些运动天赋，尽可能早地对其进行培养，避免贻误人才。从这一层面来说，科学的运动员选材方式可以及时为运动员确定未来的发展方向，并预测其最佳的年龄区间，提高运动员训练过程的科学合理性，保证训练目标的实现。

2. 运动员选材的方法

（1）遗传选材法

遗传是指子代和亲代在特征性状上相似的现象，是生物体在世代间的延续，是生命活动的基本特征之一。组成人体运动能力的性状与其他性状一样，大多受到遗传因素的重要影响。因此，遗传选材是常见的一种运动员选材方法。

我国学者徐本力根据人体遗传学研究成果及其自身的研究成果初步确立了一种遗传选材方法，下面主要分析其中几种常见的遗传选材法。

家族选材法是通过调查运动员家庭中若干代直系和旁系在某项运动上的表现情况，并结合这些遗传因素对运动员的现状和未来发展趋势进行测评，决定取舍的方法。

皮纹选材法是通过对备选运动员的皮肤纹样进行研究，分析他们的竞技能力各形状之间的关系，并联系这些关系对备选对象进行辅助性测评，以挑选出优秀运动员的一种方法。

（2）形态选材法

形态选材法是通过对备选运动员的体型和外观的测量，以及对他们未来发展趋势进行预测，以此来挑选优秀运动员的方法。常见的形态选材法主要有体型测量法和体型预测法两种。

体型测量法是对备选运动员的体型进行测量，以分析其是否具有特定体育运动要求的身体条件的一种方法。一般包括以下几种：

第一，对身高、臂长、下肢长、坐高、手长、足长、跟腱长等的长度测量。

第二，对肩宽、手宽、足宽、髂宽、髋宽等的宽度测量。

第三，对肌纤维类型，肌肉中红白肌的比例等的充实度测量。

第四，对胸围、臂围、腿围、踝围等的围度测量。

体型预测法是根据备选运动员的体型现状，预测其未来的体型发展情况，并将其作为评价运动员是否具有从事某项运动的身体条件的方法。一般包括以下几种：

第一，用父母身高、少儿当年身高、少儿肢体发育长度判断发育程度等预测备选运动员成年后的身高的预测法。

第二，通过对不同年龄段的体宽指标占成人体宽的百分比预测备选运动员成年后的体宽的预测法。

（3）年龄选材法

年龄选材法是通过对人体生长发育的年龄特征、少儿发育程度的鉴别及各运动项群的适宜选材年龄对备选运动员进行鉴别，挑选出有潜力的运动员的一种方法。这种方法的关键在于要了解个体生长发育和运动素质的年龄发展规律，并掌握对少儿发育程度鉴别的方法。

（4）素质选材法

素质选材法是通过对备选运动员的素质进行测评，分析其是否具有成为某项运动员的素质基础，最后决定运动员去留的一种选材方法。通常情况下，对备选运动员的素质测评，主要分析的是他们的生理素质、心理素质、运动素质等。

（5）心理选材法

心理选材法是运用心理学的相关理论，对备选运动员的心理素质进行分析，并将其作为运动员选材的评价标准，决定他们去留的一种方法。通常，对运动员的心理进行测评，主要分析的是运动员的心理能力和个性心理特征。

运动员的心理能力在其竞赛的过程中会产生十分重要的作用。一般情况下，心理能力较强的运动员在竞赛过程中可能会超常发挥，而心理能力较弱的运动员则很有可能输掉比赛。因此，对运动员的心理能力进行测评也是现代运动员选材的一个重要内容。一般情况下，运动员的心理能力包括一般心理能力和专项心理能力。具体而言，有注意力的集中和持久性、运动记忆的准确与牢固性、运动感觉的敏锐与稳定性、运动思维的迅速与时效性等。测评运动员心理能力可以用心理测试量表和测试工具，具体测评方法参考心理测评方法类的书籍。

运动员个性心理特征主要包括性格、气质、神经类型、兴趣、能力、意志品质等方面。其特征常用个性测试量表及运动员专项个性测试量表来测评。比如，神经类型的测定方法有感觉测定法、视听觉测定法、问答题测定法、排瓶法、声响记录法、安菲莫夫矫正法等。

（二）运动训练计划的制定

1.运动训练计划的概念和特点

运动训练计划是在训练开始之前，为实现训练任务和目标，对训练内容、步骤及其要求所作出的理论设计和安排。当今运动训练计划要想取得切实良好的训练成果，除了制定的训练计划必须科学合理，符合运动员的身体机能发展规律和运动潜能激发特点，还要具有创新性、差别性、育人性等特点。

（1）创新性

一个好的运动训练计划要想取得好的效果，必然要创新。从实践情况来看，在现代竞技场上，虽然各项运动在表面上看似是运动员竞技能力和运动素质的比拼与较量，但在这些表层之下还隐藏了许多其他的因素。比如，现代科技的发展，训练过程中对其他科学理论的应用等，这些都会对训练计划的实施及运动员的训练效果产生极大影响。又如，在运动员科学的体能训练基础上，把经过认真研究的心理训练等措施运用到训练计划的制定中，并付诸实践，这就是创新。而这些创新会极大地提高运动计划实施的效果，培养出优秀的"精品"运动员。

（2）差别性

不同的个体具有不同的心理素质、体能情况、运动水平，运动员虽然经过了系统化的训练，在整体上保持着较高的运动水平，但不同的运动员也会表现出不同的特点。因此，训练计划要以运动员个体的差异为依据，有所区别，不可一概而论。此外，不同的运动项目在训练过程中也会有不同的要求和特点，这也要求运动训练计划必须表现出差别性。

（3）育人性

从运动训练计划的实施情况来看，传统的训练计划大多注重对运动员生理素质、战术水平、技术能力等的训练，而忽视了对运动员其他人文素养方面的训练，这使我国运动员队伍出现了一些"高技术、低素养"的问题，这一问题的产生与我国运动员队伍中的"重金牌、轻育人"有很大关系。鉴于此，现代运动训练计划越来越强调育人性，强调将运动员人文素养的提升融入运动训练的过程中，使运动员在提高运动技术水平的同时，也能不断提升人文素养。

2.制定运动训练计划的依据

（1）起始状态诊断

起始状态诊断在运动训练中的作用有以下几个方面：

第一，运动员训练的起始状态，是运动训练状态过程的出发点。运动员当前的竞技水平和身体素质水平，决定了其竞技能力的各个因素的发展水平；运动员的发育状况及健康状况，运动员的文化教育水平，心理状态等一系列问题，都对运动训练过程产生着重要影响。对这些问题的科学分析和准确判断，是有效地组织运动训练过程的基本依据。因此，只有在科学诊断的基础上，才能够提供出精确的训练指标，才有可能制定出切实可行的训练计划。

第二，通过运动训练诊断，可以发现训练过程中不同环节存在的问题，测定现实状态与目标状态的差距大小，为运动训练过程实施有效的控制提供可靠依据，据此调整训练指标、修订训练计划，以实现运动训练过程最佳化，最终实现状态目标。

第三，运动训练过程中的状态诊断与检查评定两个环节，在一定条件下可以互相转化。一个大的运动训练过程中的每一个阶段的检查评定，就是一个较小的运动训练过程开始时对运动员起始状态的诊断，而每一个独立的运动训练过程开始时对运动员起始状态的诊断，也可以看作一个更大的运动训练过程的阶段性的检查评定。多年训练过程和其中的年度训练过程，阶段训练过程和其中的周训练过程，都处于这样一种关系之中。

运动员起始状态诊断的内容主要有以下两种：

第一，运动成绩。根据特定的评定行为对运动员及其对手的竞技能力、在比赛中的发挥状况进行综合评定，是运动员参加比赛的结果，是教练员、运动员智能和体能通过艰苦付出的价值表现形式，而且是唯一的价值表现形式。因此，对运动员运动成绩的诊断是确定运动员起始状态的一个重要依据。

从实践情况来看，不同项目的运动员在比赛中表现出来的竞技水平有着不同的衡量标准。田径、自行车、游泳、速度滑冰、举重、射击、射箭等项目，可以运用标定的计量工具进行测量，通过对时间、距离、重量、环数的准确测量，评价其竞技水平的高低；体操、艺术体操、技巧、跳水等项目，由裁判根据统一的标准，对所完成的动作给予评分，以确定竞技水平的高低；足球、水球、冰球、曲棍球、篮球等项目，按比赛中命中特定区域的次数评定；摔跤、柔道、拳击等项目，在没有出现绝对胜利时，也按命中得分的情况评定竞技水平及胜负；乒乓球、羽毛球、排球和网球等项目，通过比赛得分的多少反映竞技水平的高低。

第二，竞技能力。竞技能力是运动员参加训练和比赛所必须具备的素质，是运动员体能、技能、智能和训练比赛能力的综合表现。组成运动员竞技能力的因素有形态、机能、素质、技术、战术、心理及智力等。

在对不同项目的运动员的竞技能力进行诊断时，必须考虑不同专项竞技能力的结构特点。决定不同项群运动员竞技能力的因素的作用各有不同，因此在诊断中首先要抓住起决定作用的主导因素，予以科学的诊断，并将其作为竞技能力总体诊断的主要依据。

（2）训练目标

训练目标是为了了解和掌握训练的全过程的发展进程而专门设计的理想模式。任何时候，任何情况下，目标永远都是区别成功者与失败者的分水岭。如果一个人在生活中有目标，不管他目前的状况如何，他都会努力向着这个目标前进。训练目标给训练参与者描绘出运动训练过程的目标状态，全部训练过程都是为实现这一终极目标状态服务的。这一终极目标的确定，使训练过程的每一个环节、每次训练活动和比赛都围绕着目标状态的实现来进行和展开，为训练计划和比赛计划的制定和实施提供了依据。此外，训练目标也是建立训练控制模型的基础。系列工程的原理表明，任何控制过程的第一步都是科学地确定控制目标，运动训练控制过程的第一步就是科学地确定训练目标。

一般情况下，训练目标是一个多层次的有序系统，一个完整的训练目标由运动成绩指标、竞技能力指标和阶段序列指标构成，下面简单介绍前两种。

运动成绩指标包括运动员在比赛中所表现出的竞技水平和比赛名次两个方面。对于可测量的体能类项群及技能类表现性项群的运动员，可以提出定量的竞技水平指标；而对于技能类对抗性项群的运动员则可以提出若干模糊的竞技水平指标。

竞技能力指标是决定运动成绩的重要基础。构成竞技能力的各个因素的水平及它们的组合方式与运动员的竞技水平有着直接的因果关系。建立运动员竞技水平决定因素的特征模型，可以把运动员训练的竞技水平分解为既可以分别反映运动员各种能力特征又可以反映各种特征之间紧密联系的具体指标。

第四节 我国学校体育训练环境

一、学校体育训练环境的构成要素

学校体育训练环境是一个复杂的系统，它由多种要素构成，这些要素既包括物质方面的，又包括社会心理方面的；既包括有形的，又包括无形的；既有动态的，又有静态的；既有室内的，又有室外的。总体来说，构成学校体育训练环境的要素可分为物质环境和社会心理环境两大类。

（一）学校体育训练的物质环境

1.时空环境

时空环境是由学校内部的时间和空间两大因素制约的特定环境。时间和空间在学校内部虽然具有明显的人为特点，但它们又受到诸多因素的影响。体育训练活动的实现是以时间和空间为保障的，没有用来进行体育训练的时间和空间就没有体育训练活动。在体育训练中能否科学合理地安排时间，对师生的生理和心理都有很大的影响。据研究，人一天中运动能力最佳的时间是在下午。因此，根据青少年身心发展的特点，科学安排体育训练的时间，是体育训练环境的重要内容。

2.自然环境

自然环境主要指学校所处的自然地理位置和气候条件，而学校的自然地理位置从总体上确定了学校大的环境面貌。例如，如果学校依山傍水，校容校貌自然就多了一份山水般的明净秀丽。人类的任何活动都和自然环境有着密切的联系，体育训练也不例外，学校所处的自然地理位置、本地区的气候条件及学校周围的自然景观等都会对学生的身心产生重要的影响。处在嘈杂、污染严重的环境中，会对训练活动产生不利的影响；而处在安静、没有污染、温度及湿度适宜的环境下，会对训练活动产生积极影响。对于自然环境，人们只能严格遵循因地制宜、扬长避短的原则，只有合理开发、充分利用，才能取得较好的效果。

3.设施环境

设施环境主要包括运动场所、运动器材等要素，它是体育活动的物质基础。体育馆和各种体育场地及这些场所周围的环境，是开展体育训练的必备条件，对完成体育训练任务起着重要的作用。另外，运动器材的质地、颜色、摆放位置都会对学生的心理活动产生一定的影响，对诱发学生的兴趣和学习欲望有着非常重要的作用。

4.经费环境

训练经费是体育训练开展的重要物质保障条件，是保障体育训练正常开展的必要条件。训练经费是开展体育训练工作时所必需的维修、添置器材、设备、服装、营养补贴、参加比赛、聘请高水平教练员的物质保证。

（二）学校体育训练的社会心理环境

1.人际心理环境

人际心理环境是指教学中的人际关系状况，是由学校内部的各种人际关系构成的一种特殊的社会环境。体育训练中的人际关系主要包括教师与学生之间的关系、学生与学生之间的关系。这两种关系又构成了训练活动中的人际互动过程，直接影响训练课堂的教学气氛、训练教学的反馈及学生的课堂参与程度和积极性。

2.情感环境

训练教学的过程不仅是信息交流的过程，还是情感交流的过程。情感环境，是指教师与学生、学生与学生之间的情感状况，是由师生双方共同建立的。由于训练课的特殊性，教师与学生是面对面的交流，教师对学生是手把手的指导，所以建立良好的情感环境对于顺利完成训练任务更加重要。

3. 信息环境

学校内部的各种社会信息和学校以外的各种社会信息构成了体育训练的信息环境。这些信息有时候可能会对体育活动造成负面的影响，这就要求体育教师正确处理和运用各种信息，正确引导学生，从而提高训练质量。

4. 组织环境

组织，是人们为了共同的目标和需要而形成的社会群体。不同的群体必然有各自的群体规范、群体作用方式和群体心理气氛。对于体育训练队这个群体来说，上述因素都作为体育训练队内部重要的环境因素而发挥了作用，进而构成训练队内部特有的组织环境。在训练队组织环境中，对训练工作影响最明显、最直接、最具体的因素就是训练队的训练风气。训练风气具体表现为训练队成员的一种集体行为风尚。它虽然不是一种强制性约束，但却影响甚至决定着这个组织的现状与未来，也影响着该组织中的每个成员。良好的组织环境会使训练教学活动得以有序开展，最终取得较好的训练效果。

5. 制度环境

制度环境是指保障训练活动正常开展的各种法律法规、训练体制、规章制度、管理条例及各成员对这些规章制度和管理条例的认识态度和执行情况所形成的制度氛围。一个国家在国际竞技体坛上的表现，从根本上说是由该国的综合国力决定的。一个综合国力贫弱的国家可一时或在个别项目中有突出表现，却不可能持久地保持稳定的竞技力量，更不可能开拓出宽广的竞技项目领域。综合国力的雄厚只是为高水平的竞技实力奠定了基础，但并不意味着综合国力强大的国家必然具有在世界大赛中争雄的能力。将综合国力转化为高水平的竞技力量需要采取一系列有效措施，其中最为直接的就是训练体制。

二、学校体育训练环境设计及优化

（一）学校体育训练环境设计原则

1. 整体性原则

整体性原则，是指人们在设计学校体育训练环境时，必须从整体上对学校体育训练环境的各个方面进行调整和规划，以便把各种环境因素有机地协调为一个整体，发挥最佳教学效果。构成学校体育训练环境的要素是十分复杂的，既有物质的，又有精神的；既有有形的，又有无形的。人们只有合理地安排组织各种要素，使之协调一致，处于优化状态，才能发挥出最佳作用。从系统的角度来看，系统只有处于有序的动态平衡状态时，它才能有效地发挥作用。所以在创设学校体育训练环境时，创设者应统筹安排，既要重视体育设施场馆的规划布局、校园体育传统和风气的设计，又要积极创设良好的体育教学心理气氛；既要改进教师的工作作风，又要建立融洽的师生关系。

2.针对性原则

针对性原则，是指人们在设计训练环境时，必须针对特定的教学目标需要，有意借助或突出训练环境的某些特征，形成特定的环境条件，以促进学生的身心发展。比如，有些学生因人际关系不良而影响训练，这时教师就需要特别注意和这样的同学建立民主、平等、和谐的关系，使学生处在热情、温暖的氛围中，从而激发其强烈的学习兴趣。在设计训练环境时，教师必须周密安排，确定有关的教学训练目标，不能随意行事；同时，教师还要认真分析具体情况，不能生搬硬套，否则就可能事与愿违，达不到预期的训练目的。

3.主体性原则

主体性原则，是指人们在设计训练环境时，必须重视学生的主体作用，培养他们适应、控制和改造环境的能力，使他们学会管理和利用训练环境。教师是训练环境的主人，学生同样是训练环境的主人。训练环境的改善和建设离不开学生的主体参与、支持和合作。因此，在设计训练环境的过程中，教师应充分调动学生的主动性和积极性，培养他们的责任感，提高他们的环境意识，改善他们的学习过程，提升他们的训练成绩。

（二）学校体育训练环境措施

1.完善训练目标

人类在改造自然和社会的活动中，通常过分突出达到目标的手段，而忽视对活动目标本身的反思，最终导致自身的异化。训练活动是一项特殊的社会实践活动，其对象就是人，所以人们更要注重训练目标的完善。在具体的训练活动中，必须首先明确和完善训练目标，这是优化训练环境的首要前提。

2.改善学校物质条件

学校物质条件是学校体育训练工作赖以进行的物质基础,是学校生活的物质载体。毫无疑问,创建良好的物质环境不仅是优化体育训练环境的重要内容,还能够使训练环境体现出崇高的教育意义和审美价值。这对于优化贫困地区小学教学环境有着很大的意义。

3.优化训练教学过程

优化训练教学过程,实质上是协调好训练教学微观环境诸因素之间的关系。例如,筛选、组织和利用好各种信息,使其成为适宜的训练课教学内容;依据训练内容和学生身心发展特点及规律采取恰当的教学方法;善于处理训练过程中出现的新情况和新问题等。总体上看,可以从两个方面优化训练教学过程:第一,就训练教学活动的构成要素而言,要优化这些要素之间的关系,以保证训练教学结构的合理性和其正常功能的发挥;第二,就训练教学活动过程而言,不仅要使各要素之间的衔接紧凑自然、反馈顺畅,还要有足够的灵活性,以便实现训练教学活动的目的。

4.优化训练教学评价

训练教学评价在优化训练环境中具有重要作用。训练教学评价,一方面对训练活动成果进行评判,另一方面又因其价值导向的功能而左右训练活动的发展方向。优化训练教学评价的目的是使训练活动更为规范和理想,使训练活动有利于学生的和谐发展,有利于训练环境整体功能的全面发挥。在实施训练教学实际活动中,训练教学评价存在的问题,恰恰是导致训练环境失衡和训练教学活动效率低的重要原因之一。人们必须克服训练教学评价中存在的问题,这些问题有悖于训练教学环境平衡的要求,最终结果是降低训练教学活动的质量。优化训练教学评价,改进评价手段和方法,不但需要深入研究,而且更应强调要从维持训练教学环境的平衡性角度开展,坚持科学性和伦理性相结合的原则。

第六章 运动训练的内容、原则与方法

第一节 运动训练的内容

运动训练的内容主要有身体训练、技术训练、战术训练、智力训练、意志品质教育、心理训练等。

一、身体训练

身体训练是运动员在教练员的指导下，采取各种科学的手段来训练。其主要目的有四个：其一，全面增进运动员的身体健康；其二，提高运动员身体各部位功能；其三，改善运动员体型，改善肌肉类型，以适应专项运动项目；其四，全面提高运动员身体素质。由于各项运动技术结构的不同，在掌握和提高运动技术的过程中，对运动员的身体素质都有专门的特殊要求。例如，中长跑的专项耐力，短跑的速度和速度耐力，篮球、排球运动的弹跳、快速和灵敏，跳高的腿部力量和弹跳力，等等。如果没有这些专项素质，那么掌握专项技术、提高专项运动成绩是不可能的。因此，教练员必须深入研究专项运动的特点及其所需要的专项素质，并针对需要选用适当的专项身体训练手段，以保证专项素质水平的提高。

在大量的测定和数据统计基础上，人们发现在运动员的不同年龄阶段，确有某些素质发展速度最快，对外界因素所施予的影响反应最敏感的时期，这个时期就是身体素质发展敏感期。一般学者认为，速度素质发展敏感期为10～13岁；力量素质发展敏感期为13～17岁；爆发力量素质发展敏感期为12～13岁；耐力素质发展敏感期为10～16

岁。在这些时期，如果训练安排、场地、设备等外界条件和遗传等内因条件配合得好，就能促进某一身体素质迅速发展。这就要求教练员要抓住黄金时期，不遗余力地促进运动员的身体素质的提高，在这期间，会收获惊喜。提高身体素质是身体训练的重要内容，主要包括力量素质、耐力素质、速度素质、灵敏素质、柔韧素质的训练。

（一）力量素质

力量素质是指完成动作时身体某部分克服阻力的能力。发展力量素质的练习包括克服外部阻力的练习和克服本身体重的练习。关于力量素质训练的常规做法，此处不再赘述，而是重点阐述现在比较先进的力量练习方法。

在练习过程中，不要单纯去练力量，而是要练习全身的协调性，练习神经与肌肉交换的速度。做力量练习时，要使全身肌肉在同一时间被快速拉长，然后快速收缩，不要过分追求次数，重点是追求速度，速度要快。在采用双人、多人负重对抗练习的方法时，人们常用的运动器材有轻器械、哑铃、轻重量杠铃等。实际训练时，快速拉皮筋是行之有效的好方法，对良好肌肉类型的形成有重大意义。

反应力量的练习方法：在肌肉被拉长的情况下，抬起腿，保持平行，快速抖动；屈腿，快速下放大腿，抖动大腿；两腿直立，尾根部定住，上体前后快速摆动。以上几种练习方法，对于训练运动员的反应力量有独特的效果，应该多加练习。除此之外，还要防止运动员把肌肉练得僵硬。

腰腹肌力量的练习方法：①准备两把椅子，并将它们拉开，保持适当的距离，把运动员平放在上面；②让运动员在两把椅子上做俯卧撑，隔三十秒就用手掌按压他一次，也可以在其后背压上杠铃片；③运动员趴在跳箱上，双手抱头，上体左右快摆。

在力量练习中，人们往往重视动力性力量练习，而忽视静力性力量练习，这是不对的。今后的力量练习中，必须加大静力性力量练习，以达到事半功倍的效果。悬空静止俯卧撑、原地蹲马步就是重要的练习方法，应受到师生的重视。

（二）耐力素质

耐力素质指运动员在长时间的运动项目中克服自身疲劳的能力。耐力素质是身体健康与否的一个重要标志，是身体素质的重要基础，会影响运动员其他素质的发展，严重影响运动成绩的提高，其作用非常重要。让少年儿童进行耐力训练时，要注意时间不能太长，次数不宜过多，严格控制运动量和运动强度，在练习过程中要安排合理的休息调整时间，提高效率，保证安全。以有氧耐力训练为主，以无氧耐力训练为辅。比如，采用24分钟的连续练习，5～20分钟间歇跑，各种球类练习，做游戏等等。发展耐力的基本手段一般包括各种形式的跑、长距离的游泳等方式。如果要长时间地进行一般的和专项的技术动作练习，则最好选择空气新鲜、氧气充足的场所，并教会运动员正确的呼吸方法。

（三）速度素质

速度素质是指运动员利用身体进行快速运动的能力。它包括两个重要因素，即动作频率和反应速度。在速度练习中，大多采用一些自然动作练习、各种快速跑的专项辅助练习、快速反应练习、追逐游戏练习、反复的短距离快速跑，以及有利于快速跑的球类练习等。年龄较小的运动员练习速度力量和速度耐力时，可以多进行跳跃、投掷、多级跳、快速起蹲等类似的练习。教练员可用几种方法来提高运动员的速度素质，比如，加长快速跑的距离，增加快速练习的次数，适当练习中长跑，安排一些增强大肌肉的练习，安排锻炼小肌肉群的专项练习等，以提高快速移动的能力，预防疲劳，以防造成损伤。在进行速度耐力训练时，年龄较小的运动员心肺机能较弱，不宜进行长时间或长距离的练习，所以教练员要适当控制运动量和运动强度，采用灵活多样的练习手段，绝不能经常使用最大速度重复练习。这容易造成运动员速度障碍，直接影响运动员今后的运动生涯。

（四）灵敏素质

灵敏素质是指人体在各种复杂条件下，快速、协调、准确、灵活地完成动作的能力。一般情况下，在青春期以前，女运动员的灵敏素质要比男运动员稍好一些，但是青春期以后，男运动员的灵敏素质会高于女运动员。所以，在运动员青春期以前的这段时间，要注重女运动员灵敏素质的训练，基本上使其能满足所从事的专项运动项目的需要。

训练灵敏素质，一般采用各种技巧、跳跃、活动性游戏等方法。应该注意的是，在运动员大脑皮层高度兴奋时，运动员注意力会高度集中，适合进行灵敏素质的训练，但时间不能太长，需要交替进行不同性质的练习。如果运动员大脑皮层感觉到疲劳，就会严重降低他们的训练效果。

（五）柔韧素质

柔韧素质是指人体各个关节的活动幅度，肌肉和韧带的伸展能力。常用的方法有反复地做伸展性、牵拉性动作。发展运动员柔韧素质宜早不宜迟，4岁时，就能进行柔韧素质练习。6～13岁，运动员的各个关节非常灵活，是柔韧素质练习的最佳时期。这个阶段由于髋关节周围肌肉组织增大，限制了腿向两侧的活动，所以要加强髋部柔韧性的训练。运动员在6～13岁这个阶段，身高体重迅速增长，开始出现青春期特征，相应的是柔韧性快速下降，为了保障专项运动项目的需求，柔韧性训练还得继续，所以应该适当减小强度，多结合力量训练，使运动员得到全面训练，保持身体全面发展。应尽量避免大幅度的脊柱反向弯曲，还应减少大幅度扭转动作的练习，如果造成脊柱、髋关节损伤，就会严重影响运动员的运动生涯。16岁以后，运动员身体接近成熟，柔韧素质受到了身体的限制，但不能就此放弃柔韧性练习，更应该加大柔韧训练的比例，消除它的负面作用，保障身体必需。柔韧练习以活动的方式为主，以静止的、被动的练习为辅，保持适当的重复次数，加大练习的幅度，结合力量练习，使运动员的各个关节、韧带和相关联的肌肉全部得到锻炼，整体提高全身的柔韧性，形成优美的身体姿势，"坐如弓，站如松"，运动员会终身受益。

各种身体素质的发展，彼此都有着密切的联系，不应孤立地进行，而应根据不同年龄、性别及所从事的专项需要，运用身体素质转移规律，有计划地全面发展各项身体素质。要处理好一般身体训练和专项身体训练的关系，如田径项目的身体训练比重一般比球类项目大，准备期的身体训练的比重要比竞赛期大。由于身体训练较为枯燥、单调，运动负荷较大，训练比较艰苦，训练中往往容易放松要求，忽视练习质量。作为教练员，必须对运动员进行经常性的教育，严格要求动作质量，保证身体训练的效果。

二、技术训练

为了提高运动成绩，除了要努力提高身体素质，还要掌握熟练的动作技术。身体素质和运动技术相辅相成，缺一不可，它们都是提高运动成绩的关键因素，特别是那些技术难度较高的项目，动作技术更为关键，如果动作掌握不好，就很难取得优异的成绩。同时，技术是战术的基础，离开了熟练的技术，战术就无法灵活运用。技术训练的主要目的有两个：其一，让运动员掌握专项运动技术；其二，提高运动员运用技术的能力。

任何项目、任何水平的运动员都必须重视技术训练，不断学习新动作技术，逐步提高自己的技术质量，为了取得优异成绩而努力。

对于技术训练，国家田径运动队原副总教练阚福林对少年儿童的技术训练有独到的看法。他认为，要尊重少年儿童的自然动作，不要刻意破坏他们的自然动作，要保护他们的纯真，保持他们的特点，不能轻易改动；要抓住并发扬他们的特点，没有特点、没有特长的运动员可能会没有能力，所以要尊重运动员的自然性。动作技术有其内在的特点，如放松、协调、舒展、节奏、快速等，一定要保持这些有益的特点，保留运动员固有的特性，将来会有意外的收获。

三、战术训练

战术是根据比赛双方的情况，正确分配力量，充分发挥本方身体和技术特长，限制对方特长，争取比赛胜利的方法。战术是在运动员具有一定的身体训练和技术水平基础上，根据比赛需要形成的。战术的发展对运动员的身体和技术不断提出新的要求，在一定程度上影响身体素质和技术的发挥和运用。在球类运动中，当双方实力接近，处于僵持状态时，哪方的战术运用得当，哪方就能在比赛中占据主动地位，所以战术往往成为取胜的关键。在一定情况下，如果战术运用得当，还可能以弱胜强，反败为胜。战术对于一些非对抗性项目也有一定的作用。例如，中长跑的体力分配；打乱对手节奏；接力比赛中的次序分配；跳高中的免跳等。

少年儿童的战术训练，应加强基本战术训练，从基础学习，比较熟练后，再学习较复杂的战术。根据临场比赛的要求，战术训练应在模拟的比赛中进行，那么创设模拟的比赛场景，尽量接近实际的比赛，以此磨合战术配合。战术训练还可以人为地增加比赛难度，以少攻多或以少防多，预设比赛中可能出现的不利情况，加强训练还可以选择条件较差的场地进行，或者在下雨刮风的条件下进行，以提高运动员的实战能力，培养运动员克服困难的勇气。在攻防练习中，当遇到困难时要灵活运用战术。总之，战术训练应建立在身体训练、技术训练的基础上，从运动员的身体和技术特点出发，结合身体训练和技术训练，使战术训练更切合实际，更富有成效。

四、智力训练

智力训练是指有目的、有计划地安排运动员学习文化和体育知识，以发展智力的练习。运动员智力发展得越好，观察思维和分析判断的能力就越强。这有利于运动员迅速、正确地掌握运动技术和战术，更快地提高运动员训练质量。聪明的运动员在比赛中能准确地判断敌我双方情况，淋漓尽致地发挥自己的特长，从而获得比赛的胜利。重视少年儿童运动员的智力训练，提高他们的文化水平和智力发展水平，能使他们逐步深入地了解训练的规律性，更快、更好地领会教练员的意图，用先进的科学理论知识分析技术，自觉进行训练，主动配合教师控制训练过程，不断提高训练效果。作为运动员，不仅要有强健的体魄，更要有深厚的文化底蕴，要注重学习文化知识、体育知识、运动理论及技术战术知识，培养自身的观察能力、接受信息的能力、思维能力、想象能力和综合的分析判断能力。培养一个优秀运动员，智力是至关重要的因素，必须对此加以重视，悉心培养。

五、意志品质教育

意志品质教育是少年儿童业余运动训练的一项重要内容，对保证训练任务的完成具有十分重要的作用。加强意志品质教育，能使少年儿童运动员明确训练目的，端正参加训练的动机和态度，积极主动、刻苦顽强地进行训练，从而提高训练效果，保证训练任务的顺利完成。比如，进行勤学苦练、克服困难的教育，培养他们勇敢、顽强、坚毅的意志品质和拼搏精神；进行体育道德作风教育，培养他们团结互助、文明礼貌、遵纪守法、胜不骄、败不馁、赛出风格、赛出水平的优良作风。身教重于言传，这个道理从大量的事实中可以得到证实。例如，中国女排在郎平教练的带领下，意志品质得到了加强，成绩也迅速提高。郎平教练以身作则，吃苦在前，享受在后，有一股永不言败的精神，这种优秀品质感染了整个女排，使她们始终积极向上，奋勇拼搏，保持昂扬的斗志，不怕一切对手，敢于亮剑。

六、心理训练

心理训练在竞技运动中占据了十分重要的地位，它关乎比赛的胜败，是运动训练的重要内容之一。遇到挫折时的心理暗示，有时候可能决定成败。例如，当运动员抽到最外侧跑道时，可以暗示自己虽然在最外侧，但是方便观察对手的情况；当运动员抽到最内侧跑道时，可以暗示自己是距离最近的，占据了位置优势；当对手跳过横杆时，运动员可以暗示自己一定能行；客场比赛时，运动员可以暗示自己沉住气，保持冷静，集中精力；当对手暂时领先时，运动员可以暗示自己发挥正常水平；当别人打破纪录时，运动员可以暗示自己也一定能创造个人最好的成绩；当跳高在同一高度连续失败两次时，运动员可以暗示自己鼓足全力，跳出好成绩，向观众证明自己的实力。

以上都是在比赛中经常遇到的问题，教练员要让运动员学会心理暗示，教给他们摆脱困境的实用技巧。

第二节 运动训练的原则与方法

一、运动训练的原则

运动训练的原则是运动员参加运动训练需要遵循的基本准则。这些原则是在长期的运动训练实践中积累起来的，具有普遍意义的概念总结和有关科学研究的成果，反映了运动训练的客观规律。运动训练中运动员如果不遵循这些基本原则，盲目地进行训练，不仅不能促进身心全面发展，获得良好的训练效果，反而会引起运动损伤或者运动性疾病，损害健康。下面对运动训练的基本原则进行具体介绍

（一）竞技需要原则

竞技需要原则是指根据提高运动员竞技能力及运动成绩的需要，从实战出发，科学

划分训练阶段及安排训练的内容、方法、手段和负荷等的训练原则。贯彻这一原则可使训练更好地结合专项的特点和专项竞技比赛的需要，提高运动训练的专项针对性、实战性和实效性，争取获得满意的竞技比赛成绩。贯彻竞技需要原则，需要注意以下几个方面：

第一，围绕运动训练的基本目标，全面安排好训练和比赛。

第二，正确分析专项竞技能力的结构特点。每个运动项目由于其专项的特异性，决定了其竞技能力构成因素的差异性。对不同专项竞技特点和运动员竞技能力结构特点进行的分析，正是人们确定不同项目训练负荷内容的重要基础。

第三，依据竞技需要原则的要求，负荷内容和手段的选择是由不同专项竞技能力的主要因素与运动员自身的具体情况决定的。

第四，注意负荷内容的合理结构。在熟练掌握合理动作的基础上，应将主要精力放在如何有效地提高体能水平上，以获得更大的力量、更快的速度和更强的耐力，从而提高竞技水平。同时，针对同一项目的不同运动员，还要求根据运动员自身竞技能力的特点和对手的特点，安排好心理训练的内容和手段。

（二）动机激励原则

动机激励原则，是在运动员以个体为主的运动训练过程中，更好地激励和培养其具备良好的运动训练动机和行为，使其在完成训练任务的过程中更加积极主动的训练原则。在运动训练中，教练员要通过各种合理的途径和方法激励运动员主动从事训练。

遵循动机激励原则就是要不断提高运动员的运动训练积极性和主动性，培养其自我调控能力、独立思考能力及创造能力，具体要求如下：

第一，要满足运动员的基本生活需求。实践证明，人们只有在基本的物质得到一定的保障后，才会进行更高层次的追求。所以，在运动训练中，运动员的物质生活需求要得到一定的保障，同时还要注意运动员的人身安全等。只有这样，才能更好地引导其确定实现自我价值的更高层次的目标和追求，从而产生良好的运动训练动机。

第二，要培养运动员正确的价值观，使其逐步形成自觉从事运动训练的态度和动机，引导其从不同的角度和层次认识参与运动训练的意义和价值，培养其正确的价值观。

第三，在运动训练中，要以运动员为主体。这就要求教练员必须注意几个方面：其一，明确运动员的主体地位；其二，有意识地培养运动员独立思考的能力；其三，引导运动员提高和加强自我反馈的能力，培养运动员进行自我分析和评价的能力。

第四，在运动训练中，要选择科学的训练方式。对于过去简单、粗暴的"从严"训练方式，教练员要在正确认识和理解"从严"含义的同时，结合现代科学合理的方式对其进行调整。

（三）适宜负荷原则

在训练过程中，要根据训练任务、对象水平与要求，科学合理地在各个训练环节中提高运动训练负荷量，直至达到最大负荷要求，这就是适宜负荷原则。因此，教师要以训练任务和对象水平及每个练习的目的、要求、负荷为主要依据来对运动训练负荷进行科学合理的安排。在训练过程中，运动训练负荷要经过加大、适应、再加大、再适应这样一个逐步提高的过程。

在球类运动的训练中，加大运动训练负荷直至最大负荷要求，首先要从训练任务、运动员身体状况、机能能力和训练水平出发，考虑运动训练负荷安排的合理性。训练过程的不同时期、周期、阶段及每一节训练课的任务都有所不同，运动员承受运动训练负荷的能力也不同，这主要反映在运动员承受负荷能力的大小和恢复的快慢，以及对负荷强度和负荷量的承受能力上。因此，只有根据训练的不同任务和运动员的训练水平安排运动训练负荷，才是合理的。同时，在运动训练过程中，运动训练负荷的增加必须循序渐进。在加大运动训练负荷的过程中，要处理好负荷量和负荷强度的关系，掌握好负荷与恢复的关系。除此之外，需要注意的是，运动训练负荷的增加必须达到极限。因为只有极限负荷的刺激，才能将运动员肌体的机能潜力充分挖掘出来，并且经过不断地训练形成超量恢复，以提高运动员的身体素质和运动水平，达到参加激烈比赛、创造优异运动成绩的要求。

（四）周期安排原则

周期安排原则是指周期性地组织运动训练的训练原则。根据运动员肌体的生物节奏变化规律、竞技状态形成与发展的周期性规律，以及运动竞赛安排的周期性特点，按一定的动态节奏，循环往复、逐步提高训练内容和负强度。

贯彻周期安排原则需要掌握以下几点：

（1）掌握各种周期的序列结构。

了解各种周期的时间构成及其应用范畴，对于教练员在训练实践中贯彻周期安排训练原则是一个必不可少的重要条件。

(2) 选择适宜的周期类型

贯彻周期安排原则时，要选择适宜的周期类型。比如，确定年度训练的安排时是采用单周期、双周期还是多周期；第一周期的训练应该是加量周期、加强度周期还是赛前训练周期。

(3) 处理好决定训练周期时间的固定因素与变异因素的关系

周期安排原则的依据是人体竞技能力的变化和适宜比赛条件出现的周期性特征，其中前者是变异因素，后者是决定训练周期时间的固定因素。因为重要比赛日程的安排通常与某个项目最适宜的比赛条件的出现是一致的，而且通常在上一年度就已确定。尽管人体本身受着生物规律的影响，但它并非绝对不变，人们完全可以通过训练安排使其在特定的时间里表现出最佳的竞技状态。竞技状态的发展过程是人为控制的，教练员应努力做到有把握地调节这一变异因素，使之与特定的比赛日程安排相吻合。

(4) 注意周期之间的衔接

把一个完整的训练过程划分成若干个较小的周期后，人们往往会忽视各周期之间的衔接，主要表现是注重训练过程的阶段性，而忽略了连续性。整个训练过程中，不同时间跨度的周期组成了一个连续发展的过程。因此，在具体的训练过程中应特别注意周期之间的衔接。

（五）区别对待原则

区别对待原则是指在运动训练中要根据运动员各方面的条件及不同训练条件和不同训练任务等，有区别地确定训练任务，对训练方法、内容、手段和负荷也有相应的安排。

运动员在身体条件、心理品质和个性特征等方面都有明显的差异，因此在训练过程中要始终遵循和贯彻区别对待原则。贯彻区别对待原则，有利于发掘运动员的潜力，防止出现训练过程中个别人脱离整体的现象。只有进行正确的区别对待，有的放矢地进行训练，才能取得良好的训练效果。

贯彻区别对待原则，需要注意以下几个方面：

第一，要根据运动员的不同特点，合理安排训练。

第二，在整个运动训练中，要针对个人和全队的要求，给项目分工不同的运动员制定专门的训练计划，以满足实际需要。

第三，区别对待原则要贯穿始终，包括每次训练课和每次早操，除了共同的要求，还要针对运动员自身的不同情况提出要求,并采取相应的措施,处理好每个环节。

(六)直观训练原则

直观训练原则是非常重要的运动训练原则,是依据动作技能形成的教学论原理而确立的运动员必须遵循的原则。其主要目的是使运动员能更有效地完成技术、战术和智力训练的任务。在教学过程中,直观性教学有很多种方法,而且现代运动训练更加强调直观性原则的运用。

运动训练中,尤其是训练初期,遵循和突出教学训练的直观性十分重要,具体来说,应注意以下几点:

第一,合理地选用直观手段。选用直观手段时,要选择那些目的性强、有成效的,要明确所选的直观训练手段能解决的主要功能,要注意不同对象、不同运动项目和训练内容的特点。

第二,根据运动员的个体特征选择直观手段。选择和运用符合运动员个体特点及训练水平的直观手段,而且对不同训练水平的运动员进行训练时,应采用不同的直观手段,同时,还要注意采用不同的训练强度。

第三,运动训练中,教练员应先进行直接示范,在运动员达到一定水平后,再通过录像、图解、直接观摩优秀运动员的表演和比赛等手段,结合清晰、准确、形象的讲解及教练员对运动员技术动作的观察分析,进行研究讨论,启发运动员进行积极思维活动,并逐步找出体育运动的规律性。

第四,注意掌握运用直观手段的时机和方法。根据不同年龄阶段运动员的感觉器官发育的不同,合理地选择和运用直观手段。教练员可通过语言信号、固定的身体姿势或慢速动作,加深运动员对空中方位、肌肉用力程度的体会。

(七)系统训练原则

在现代运动训练中,只有坚持多年不间断的系统训练,对所要掌握的运动技能进行不断重复和巩固,才能完成运动技能系统化积累。此外,这种多年的系统性训练也是在现代竞技运动中获得优异运动成绩不可或缺的一环。多年的系统训练和周期性训练是贯彻系统训练原则的重要手段。

在现代运动训练中,贯彻系统训练原则要做到以下几点:

第一,做好训练的周期性安排,把身体训练与技能训练结合起来。

第二，在比赛期间，教练员要制定良好的调整运动量的措施，使运动员在比赛前进入最佳竞技状态。

第三，教练员制定训练计划时，要重视训练的持续性和连贯性，并考虑运动员多年的、系统的训练计划，与此同时，还要完善训练大纲。

第四，教练员必须做好各训练阶段之间的连续性工作，注意各项工作间的有机联系和交叉衔接。

第五，安排运动训练时，教练员要按"易—难、简—繁、浅—深"的原则安排训练工作，并合理地安排和选择训练内容和方法。

（八）适时恢复原则

适时恢复原则是指及时消除运动员在训练过程中所产生的疲劳，并通过生物适应过程产生超量恢复，提高机体能力的训练原则。在运动员的疲劳达到一定程度时，教练员应依照训练的统一计划，适时安排必要的恢复性训练，采取有效的恢复措施，使运动员的机体得以迅速的、充分的恢复。

贯彻适时恢复原则要注意以下两点：

第一，准确判别疲劳程度，这是适时恢复的重要前提。运动员疲劳程度的判别，通常是根据自我感觉和外部观察来进行的，也常常采用一些比较客观的生理和心理测试方法。

第二，积极采取加速机体恢复的适宜措施。例如，训练学恢复手段，医学、生物学恢复手段，营养学恢复手段，心理学恢复手段等。

二、科学训练的方法

运动训练可以采用的方法有很多，要根据实际情况和需要进行有针对性的选用，以达到最佳的训练效果，下面介绍几种常见的训练方法。

（一）分解训练法

分解训练法是指将完整的技术动作或战术配合过程合理地分成若干个环节或部分，然后按环节或部分分别进行训练的方法。在需要集中精力完成专门训练任务，对主要技术动作和战术配合环节的训练进行加强时，适合采用分解训练法，这样可使训练取得更好的效果。分解训练法有其适用范围，主要适用情况包括技术动作、战术配合。在战术配合过程较为复杂，而且运用完整训练法不易使运动员直接掌握的情况下，技术动作、战术配合的某些环节需要较为细致的专门训练。

单纯分解训练法、递进分解训练法、顺进分解训练法、逆进分解训练法是较为常见的四种分解训练法。

（二）完整训练法

完整训练法是指从技术动作或战术配合的开始到结束，不分部分和环节，完整地进行练习的训练方法。运用完整训练法可以帮助运动员掌握技术动作或战术配合，保持技术动作或战术配合的完整结构和各个部分之间的内在联系。

完整训练法具有广泛的适用范围，既包括单一动作的训练，又包括多元动作的训练；既有个人成套动作的训练，又有集体配合动作的训练。但是，在不同的范围内运用时，要注意有所侧重。

（三）持续训练法

持续训练法是指负荷强度较低、负荷时间较长、无间断地连续进行练习的训练方法。练习时，运动员的平均心率应为 130～170 次/分。持续训练主要用于发展一般耐力素质，有助于完善负荷强度不高但过程细腻的技术动作，可使机体运动机能在较长时间的负荷刺激下产生稳定的适应（如可使内脏器官产生适应性的变化）；可提高有氧代谢系统供能能力，以及该供能状态下有氧运动的强度，可为进一步提高无氧代谢能力及无氧工作强度奠定坚实的基础。

根据训练持续时间的长短，可以将持续训练法分为短时间持续训练方法、中时间持续训练方法、长时间持续训练方法三种。

（四）间歇训练法

间歇训练法是指对多次练习的间歇时间作出严格规定，使机体始终处于不完全恢复状态下，反复进行练习的训练方法。运动员在严格的间歇训练过程中，心脏功能可以得到充分的发挥。调节运动训练负荷强度可使机体各机能与有关运动项目相匹配的适应性发生变化。不同类型的间歇训练可以有效地提高糖酵解代谢的供能能力（磷酸盐与糖酵解混合代谢的供能能力、糖酵解与有氧代谢混合供能能力、有氧代谢供能能力)。严格控制间歇时间,可以使运动员在激烈对抗和复杂困难的比赛环境中发挥出更加稳定的技术动作。在较高负荷心率的刺激下,有利于促进机体抗乳酸能力的提高,从而保证运动员在较高强度的情况下仍具有持续运动的能力。

高强性间歇训练方法、强化性间歇训练方法及发展性间歇训练方法是间歇训练法的三种基本类型。

(五)变换训练法

变换训练法是在综合考虑实际比赛过程的复杂性、对抗程度的激烈性、运动技术的变异性、运动战术的变化性、运动能力的多样性及中枢神经系统的灵活性等因素的情况下提出的。变换训练法是指变化运动训练负荷、练习内容、练习形式及条件,使运动员的积极性、趣味性、适应性及应变能力得到提高的训练方法。运动训练负荷的变换,能够产生机体与有关运动项目相匹配的适应性变化,从而使承受专项比赛时不同运动训练负荷的能力得到提高;变换练习内容,能够使运动员的训练更加系统,并使运动员的不同运动素质、运动技术和运动战术得到协调发展,从而使其具有更接近实际比赛需要的多种运动能力和实际应用的应变能力。

依据变换内容的不同,可以将变换训练法分为形式变换训练方法、内容变换训练方法和负荷变换训练方法三种。

(六)重复训练法

重复训练法是指多次重复同一练习,并在两次(组)练习之间安排相对充分的休息时间的训练方法。采用重复训练法,多次重复同一动作或同组动作,不断强化运动条件反射,有利于运动员对技术动作的掌握和巩固。相对稳定的负荷强度的多次刺激,可使机体较高的适应性机制尽快产生,有利于运动员身体素质的发展和提高。单次(组)练习的负荷量、负荷强度及每两次(组)练习之间的休息时间是构成重复训练法的主要因素。静止、肌肉按摩、散步是通常采用的休息方式。

依据单次练习时间的长短,可以将重复训练法分为短时间重复训练方法、中时间重复训练方法和长时间重复训练方法三种。

（七）循环训练法

循环训练法是指根据训练的具体任务，将练习手段设置成若干个练习站，运动员按照既定顺序和路线，依次完成每站练习任务的训练方法。运用循环训练法可使运动员的训练情绪得到有效的释放，并且使负荷痕迹得以累积、不同身体部位得到交替刺激。每站的练习内容、每站的运动训练负荷、练习站的安排顺序、练习的站数与循环练习的组数等是循环训练法的结构因素。运用循环训练法，可以使不同层次和水平的运动员的训练积极性得到有效提高；可以使运动训练过程中的练习密度得到增加；可以随时根据具体情况加以调整，做到区别对待；可以防止局部负担过重，延缓疲劳的产生，对全身训练非常有利。在实践中，循环训练法有站和段两种不同说法，其中，站指的是练习点，如果一个循环内的站数中，有若干个练习点以一种无间歇方式衔接，那么这几个练习点的集合可称为练习段。站和段是安排循环练习顺序时应该考虑的因素。

以各组练习间歇的负荷特征为依据，可以将循环训练法分为循环重复训练方法、循环间歇训练方法和循环持续训练方法三种基本类型。

（八）比赛训练法

比赛训练法是指在近似、模拟或真实、严格的比赛条件下，按比赛的规则和方式进行训练的方法。比赛训练法的提出有一定的理论依据，包括人类先天的竞争和表现意识、竞技能力形成过程的基本规律和适应原理、现代竞技运动的比赛规则等。运动员全面并综合地提高专项比赛所需要的体、技、战、心、智各种竞技能力，可以通过比赛训练法实现。

教学性比赛方法、模拟性比赛方法、检查性比赛方法和适应性比赛方法是较为常见的四种比赛训练法。

（九）综合训练法

综合训练法是指把重复训练、循环训练、变换训练等各种训练法结合起来运用，或者在一组训练中安排各种技术训练、灵敏训练、力量训练等多种内容的训练方法。

在训练实践中，以上训练方法并不是单一存在和使用的，因此需要通过综合训练来灵活地调节运动员的训练负荷与休息时间，使其更圆满地达到训练要求，从而促进运动员运动素质和运动水平的全面提高。综合训练法变化很多，组合多样。教练员可以根据不同运动员的性别、年龄、身体状况、锻炼水平对训练方法进行适当的调整，以期取得理想的训练效果。

  随着现代科学技术的进步,运动训练方法从理论到实践不断推陈出新。目前,社会各界有识之士非常重视改变传统经验的训练法,借助新的科学理论(如系统论、控制论、信息论等),不断创新新模式的训练方法。

第七章 运动训练问题及解决方法

第一节 典型运动项目训练问题及解决方法

在平时的训练中，常常遇到难以解决的问题，也是大家公认的技术难题，下面列举几项比较典型的问题及解决办法。

一、短跑起跑问题及解决方法

短跑的起跑速度是由反应速度和动作速度决定的，注意力是短跑起跑的关键因素。短跑运动员在比赛中往往存在求胜、害怕失败的心理问题，有的运动员还存在强烈的侥幸心理，试图压枪起跑，这很容易造成起跑犯规。教练员应该在平时的训练中，多想办法，反复训练，使运动员掌握良好的起跑技术。解决此类问题主要有以下几种方法：

第一，采用过电影的方法，通过意想，达到注意力高度集中的效果，预想起跑的全过程，反复练习，避免注意力不集中。

第二，教练员有意地变换起跑口令的节奏，时长时短，让运动员屏住呼吸，集中注意力，多次练习。

第三，教练员故意降低发令的声音，锻炼运动员的反应能力，反复练习。

第四，提高干扰强度，故意制造噪声，并在这些人为不利的条件下，让运动员反复练习起跑。

二、跨栏跑难点及解决方法

跨栏跑是田径运动项目中难度较大的。由于跨栏跑的技术不能分解，因此必须采用完整教学法，如此，才能让运动员掌握动作技术。把握跨栏跑的节奏，不断完善跨栏跑技术需要注意以下几点：

第一，观看电视录像，看完整动作，建立动作概念。

第二，放置标志物，练习栏间步，距离由近及远，逐渐到标准距离。

第三，过简易的障碍物，高度由低到高，逐渐到标准高度。

第四，在完全符合标准的情况下，完整练习。

三、投掷标枪的技术难点及解决方法

投掷标枪开始时，存在枪尖远离头部的问题。解决方法：教练员可以让运动员用竹竿作为引枪，辅助练习，教练员在运动员的身后帮助运动员调整枪的位置，让其掌握持枪臂的正确位置，注意手腕外旋，让运动员加几步助跑后再做投掷练习、上步练习和助跑轻投器械的练习。

在投枪前，存在持枪臂的位置较低的问题。解决方法：教练员可以引导运动员反复练习原地持枪，教练员站运动员的身后，控制枪的方向，帮助运动员解决持枪臂位置偏低的问题，找到正确位置，掌握正确的动作。

最后用力时，存在未能形成满弓动作的问题。解决方法：教练员可以引导运动员持枪做原地拉满弓练习，教练员站在运动员的身后，手抓枪，配合其拉弓动作，如可以用膝盖顶其后腰。多做模仿练习，熟能生巧，也可以利用橡皮筋为运动员做原地拉满弓的模仿练习。

仅靠投掷臂力量投掷的问题。导致这个问题出现的原因有很多，如不会用力，力量没有用到纵轴方向，满弓不充分，动作不突出等等。解决方法：教练员可以建议运动员多练习原地投枪，掌握用力顺序，注意"满弓"，超越器械的动作。

四、投掷铅球的用力问题及解决方法

双脚左右开立，比肩略宽，双手叉腰，上体直立，左右转动，转到腰紧为宜，要求下肢和髋不要动，教练员可以用手轻扶运动员的髋部，提醒其不要转动。

以右手持球为例，预备动作站立，用力扭紧肌肉，重心投影点在右脚上，但双手仍叉腰，运动员向前蹬地、转体，这个练习做30次。教练员站在运动员左后侧，伸出双手，用力顶住运动员的左肩，运动员转身时，左肩向上顶，眼看上方，快速推出铅球，重点是保证左侧支撑。

完整的推铅球最后用力练习。重心落到右脚上，右手将球顶在颈部右侧，侧头压住球，协调用力，由下而上用力，转腰、伸臂、拨腕，将球推出。

可多做辅助性练习，如徒手的练习、持轻球的练习、完整的练习。

背向滑步推铅球、原地推铅球、滑步推铅球，要简单化。要忽略中间动作，强调起始动作和最后用力动作。

五、排球接发球的技术难点及解决方法

排球接发球时，要正确选位，两眼目视前方来球，判断准确，及时调整位置，迎接来球，重心适度降低，含胸举臂，主动迎球，两臂夹紧，形成平面，使击球部位准确无误。

接发球的关键是判断准确。看准来球的方向，了解球的力量大小，速度是快还是慢，移动脚步要迅速，击球部位应对准来球，主动迎接球。来球力量小时，加力击球；来球力量大时，缓冲接球。

接发球时，用力的大小要适度。来球力量过大时，用小一点的力接球，并做缓冲；来球力量小时，则加力击球，掌握用力的大小。如果来的是飘球，接球时，适当增加力量，抬臂上扬，用较大的力击球。

六、篮球挡拆战术问题及解决方法

挡拆配合是篮球比赛中常用的战术。队员要清楚,挡拆中的挡是有讲究的,如果不注意动作细节,就有可能犯规,造成挡拆战术失败。根据篮球规则,挡的队员原则上要保持静止,并且提前站在挡的路线上,两手可以曲臂抬起,保护胸部。如果身体移动去"挡",就是阻挡犯规。篮球"挡拆"战术的训练需要注意以下几点:

第一,无防守情况下的挡拆训练。训练时,队员假设有防守,做挡拆模仿练习,先挡后转身,接球上篮。

第二,队员消极防守下的挡拆练习。防守队员消极防守,进攻队员积极跑动,做挡拆配合,要求挡的队员要死死地把防守者挡在其身后,突然转身,接球上篮。

第三,队员积极防守下的挡拆练习。这种练习接近实战,应提高训练的实效性。防守队员因为知己知彼,清楚对手战术,所以要想办法破坏对手的进攻,如利用换防等手段瓦解对方的进攻。在这种训练中,应重点训练队员的突破、转身、巧妙传球的能力。

第四,结合教学比赛,进行挡拆练习。挡拆配合战术达到比较成熟的地步时,可以结合教学比赛来验证、加强、获得经验积累。

第五,固定位置的挡拆训练。在训练时,挡拆队员可以站在固定位置上,当队友主动引导防守队员从其身边经过时,完美地完成挡拆配合。只有多多练习,才能熟能生巧,灵活运用。

第二节 运动负荷的安排问题及调控方法

一、运动负荷的安排问题

负荷量和运动量虽然是两个不同的概念,但两者之间存在着对立统一的关系。主要表现为因果关系,运动量是原因,负荷量是结果,负荷量是在运动量的作用下人体对运动的反应。运动量与负荷量之间有正比关系和相对关系：正比关系，即运动量越大，负荷量越大；相对关系，即同一运动量如果作用于不同的个体，引起的负荷反应是不同的，而且同一个体对同一运动量的反应，也会随着锻炼阶段的不同发生变化。因此，在锻炼中应该根据负荷量安排、调节运动量，但身体对运动负荷的反应是个较复杂的问题。根据目前的认识，锻炼方法中对运动负荷的安排问题，集中于对以下两个因素的选择和调节：

第一，确定负荷标准。根据不同负荷的价值确定运动负荷的标准。这里首要的原则因人而异，因为人体的复杂性和个体差异的普遍性导致很难找到一个统一的标准负荷度。负荷本身不是目的，而是手段，确定负荷标准的前提是锻炼的目的性。不同的锻炼目的会产生不同的负荷标准。由于参加锻炼活动的个体在年龄、性别、身体发育状况及学习、工作、生活作息制度等条件上都存在着极大的差异，因此对身体有锻炼价值的负荷标准也不能是一个确定的值。从理论上说，通过运动，机体各组织中血液供应可以达到最大值，而且在不伴随疲劳积累的情况下，可获得增强体质的最佳效果。通常用于衡量这一价值阈的指标，多为最大心搏量和最大心排血量的生理变化值。其他诸如血压、脉搏、乳酸等生理、生化指标也被大量采用。其中，受到人们重视的指标应当首推脉搏频率。脉搏是指动脉的搏动，脉搏频率简称心率。心率能及时反映出运动负荷引起的生理机能的变化状况，尤其对运动强度的反映比较灵敏。因此，它作为确定运动负荷标准的一种客观指标被广泛采用。

第二，确定运动负荷的节奏。从生理学角度讲，运动负荷对机体产生的良好影响，主要通过建立机体生物适应过程实现。人体生物适应的建立需要两个条件：其一，适宜的刺激强度；其二，足够的刺激时间。在锻炼过程中，两者具体表现为运动负荷安排的节奏性，即安排运动负荷的顺序和逐步提高的幅度。

运动负荷作为刺激物，其强度过小或时间过短，都不能引起机体的反应，或者即使引起反应，反应的程度也不会很强。反之，运动负荷的强度过大，超过了机体的适应能力，会使机体从正常的生理性变化转入危险的病理性变化。

人的机体在完成定量工作时，会出现机能"节省化"的生理现象，标志着机体对某一负荷的适应过程逐步建立。这一现象也表明，某一负荷标准对机体的作用也在逐渐减小。因此，为获得最佳锻炼效果，就必须不断提高负荷量。

二、运动训练负荷的科学安排与调控

（一）运动训练负荷的定性与定量

1.运动训练负荷的定性

（1）运动训练负荷的专项性

运动训练负荷的专项性指运动训练负荷要与运动员的训练水平和比赛要求相符。运动训练过程中，运动训练负荷的练习分为运动专项练习与运动非专项练习。其中，运动专项练习是提高运动员专项运动技术水平的直接因素，只有加强运动专项训练，才能为运动员运动实战水平的提高奠定良好的基础。

（2）训练动作的复杂程度

训练动作的复杂程度是专项运动训练中客观存在的内容，是运动训练中运动训练负荷定性的一个重要因素。运动训练实践中，动作复杂程度决定了运动训练负荷的大小。区分训练动作的复杂程度是控制运动训练负荷的依据。

需要注意的是，由于在运动训练中，运动员的许多技能动作并不能预先确定，而是根据场上对手的表现临时作出选择性反应，因此目前对此进行量化评定具有较大的难度。

（3）运动训练负荷的生理改善

研究表明，系统的运动训练中，磷酸原和糖酵解供能约占80%，糖酵解和有氧代谢供能约占20%。因此，运动员应结合运动专项的训练要求和特点，采用无氧代谢、有氧代谢或二者的协调配合来进行训练，以实际情况为依据合理安排训练。

2.运动训练负荷的定量

（1）内部负荷指标

内部负荷指标指由于运动员在训练过程中进行各种身体、战术训练，运动训练的负荷，使运动员有机体内发生一系列生理和生化变化。内部负荷的指标能比较科学、准确地反映有机体在负荷时产生的各种变化，有利于教练员根据这种变化掌握和控制训练过程，安排训练负荷。运动训练中，使用内部负荷的指标来测量负荷的方法比较广泛。血压、心率、血乳酸、尿蛋白、氧债、血红蛋白、最大吸氧量等是常用的指标。

（2）外部负荷指标

外部负荷指标又称"负荷的外部指标"或"外部负荷"，包括负荷量和负荷强度两个指标。在运动训练中，负荷量的各个指标的测定方法比较简单。例如，统计一次训练课、一个小周期、一个阶段或一年的训练负荷量，只要记录每次训练的时间、次（组）数、移动的总距离和总重量，然后计算运动员单位时间内负荷量的大小。机体对负荷强度刺激的反应比较强烈，能较快地提高机体各器官系统的机能水平，所产生的适应性影响较深刻，消退较快。在运动训练中，测量负荷强度的各个指标比较复杂，所以难度也比较大。

目前，测量运动员外部负荷指标，一般采用记录战术训练的时间、训练次数、训练难度、训练的激烈对抗程度等方法。

（二）不同负荷的判别

运动训练期间，当运动员的运动训练内容、训练手段的特点相当稳定时，有机体机能表现出来的动态变化就能够被明显地观察到。因此，教练员可根据训练实践中运动员有机体机能活动性的动态变化来对运动训练负荷的大小进行判别。

一般地，对于运动训练负荷的大、中、小程度，教练员可以客观地按照机体恢复的时间进行判别。研究表明，训练负荷的大、中、小程度与有机体内环境稳定性的变化密切相关，并且能具体反映到恢复过程的时间上。通常情况下，小负荷与中等负荷后，机体恢复的时间通常是几十分钟或几个小时；大负荷后，一般需要较长的时间（可长达数天）恢复。

在运动训练中，教练员应结合实际情况对运动员的运动训练负荷大小进行判定，具体可以根据生理学和生物学的指标来判别，也可以采用其他相对间接且客观的指标进行判别。不管使用哪种方法，都要保证准确地判定训练负荷。

（三）运动训练负荷的特点与注意事项

1.科学安排运动训练负荷的特点

科学安排与调控运动训练负荷就是以更科学、更合理的方法安排运动训练负荷，从而实现运动训练水平和运动成绩不断提高的目的。科学安排运动训练负荷需要遵循负荷、应激与恢复原理，竞技状态的形成与科学调控原理，周期性与节奏性原理，以及竞技能力的训练适应原理等。简单来说，科学调控运动训练负荷就是在训练过程中，教练员根据训练的任务及运动员的个体情况，按照人体机能的训练适应规律，以大负荷为核心，坚持长期、系统和有节奏地安排运动训练负荷。从概念内容来看，科学安排与调控运动训练负荷具有以下特点：

第一，持续增加运动训练负荷，即在运动员的运动寿命范围内，不断地增加运动训练负荷。

第二，运动训练负荷应该力求在学习机体可接受的范围内达到最大负荷水平。

第三，全年负荷，即要求运动员长年不断地进行训练，系统连贯地承受负荷，以不断提高训练水平。

第四，负荷的周期性和节奏性。负荷的安排要有一定的大、中、小程度，并在全年训练中具有一定的周期性安排的特点，换言之，按照"加大—适应—再加大—再适应"的节奏进行安排。

第五，负荷的渐进性和跳跃性。它是指在运动员的长期训练中，应按照逐渐提高与跳跃式发展相结合的方式安排负荷。

2.科学安排与调控负荷的注意事项

第一，在不同训练阶段应采取不同的调控方法。根据负荷因素的基本特征，在训练初期，为了使运动员尽快进入运动状态，通常以增加负荷量的方法来尽快实现学习机体的适应。在专项训练阶段，以提高负荷强度刺激的方法来实现运动员的机体适应。

第二，选择合理的负荷内容和手段。教练员应按照不同运动项目、训练内容、训练手段的负荷特征和不同训练任务选择相对应的训练内容和手段。运动员参与的具体竞技运动项目不同、训练目的不同，教练员所安排的训练负荷也应有所区别。

第三，负荷方案最佳综合设计。在运动训练过程中，教练员要根据各对应性负荷结构的特征及相互间的关系，进行负荷方案的最佳综合设计。特别是要注意对负荷量、负荷强度与总负荷，内部负荷与外部负荷，生理、心理与智力性负荷，以及训练负荷与比赛负荷的综合设计。

第四，按照运动员个体特点确定运动训练负荷。教练员要通过科学的训练诊断，对运动员的个体特点加以了解，科学确立符合他们个体特点的个体负荷模型。

第五，注意负荷安排的长期性、系统性。在进行运动训练时，教练员要根据连续负荷中疲劳的正常积累与过度疲劳之间的关系，对多年、年度、每周及每一次课的训练过程的负荷进行相应的安排，使不同训练阶段的运动训练负荷能够连贯起来，促进运动员运动水平的逐步提高。

第六，重视运动训练负荷的节奏性。教练员要把大负荷训练与减量训练结合起来，使之形成最佳的负荷节奏，进而促使运动员取得最佳的运动成绩。

第七，合理增加运动训练负荷。根据训练任务和训练对象，逐步、有节奏地加大运动训练负荷，直至最大限度。但在竞走运动训练过程中，运动训练负荷的安排不宜过大，应以提高单位训练时间里最大效果为准则。运动训练负荷的增加应当在运动员适应原有负荷的基础上进行，只有这样才能取得较好的训练效果。

第八，注意处理好负荷量、负荷强度与总负荷的关系。教练员要按照运动项目特点、训练和比赛任务、个体特点等因素，以总负荷的要求为基础，确定负荷量和负荷强度的最佳组合。突出强度是高水平运动员负荷安排的重要特征。但需要注意的是，应从实际情况出发，合理搭配负荷强度和负荷量。

第九，重视恢复。训练水平的提高离不开对训练负荷的合理安排，没有恢复，也就没有新的负荷安排。在运动疲劳后，人体的恢复时间有所不同，恢复时间过长或过短都不利于提高身体素质和技术水平。注意掌握运动员训练后不同恢复阶段的时间、个体负荷的极限能力、承受极限负荷后的恢复时间、各训练过程的负荷性质及适宜的间隙时间和恢复方式，并根据这些要点安排大负荷训练。训练之后，还应注重采用多种手段来帮助运动员消除疲劳。

第十，做好运动训练负荷的监测和诊断工作。教练员应在运动训练过程中根据运动训练负荷的构成因素及运动训练负荷的可监控性特点，正确地确定各运动项目的训练内容和训练方法，以及不同运动员的运动训练负荷监控指标体系，建立科学的运动训练负荷监控、诊断系统和诊断模型。

参 考 文 献

[1]唐进松；陈芳芳；薛良磊.现代体育运动训练理论与方法探索[M].北京：中国商务出版社，2019.06.

[2]叶应满；王洪；韩学民.现代运动训练的理论分析与科学方法研究[M].成都：电子科技大学出版社，2017.10.

[3]刘明；张可；刘洋.普通高校体育教学发展与改革探究[M].北京：中国纺织出版社，2018.09.

[4]李尚华；孟杰；孟凡钧.大学体育教学与管理实践[M].长春：吉林出版集团股份有限公司，2019.05.

[5]施小花.当代高校体育教育理论与发展探究[M].长春：吉林人民出版社，2021.09.

[6]薛文忠．杨萍.健康、传承、弘扬[M].长春：东北师范大学出版社，2019.12.

[7]宋海圣；赵庆彬；冯海涛.体育教学改革创新与发展研究[M].北京：中国水利水电出版社，2015.08.

[8]胡向红；王冰.体育教学改革与教师的理念转换[M].成都：电子科技大学出版社，2017.06.

[9]杨枭.高校体育教学理论探索与实务研究[M].北京：中国社会科学出版社，2016.11.

[10]张京杭.高校体育教学方法实践探索[M].北京：现代出版社，2019.10.

[11]孔凌鹤；马腾.现代体育教学的多维分析与创新研究[M].北京：中国商务出版社，2016.08.

[12]曹垚.现代体育教学理论与实践训练探索[M].长春：吉林人民出版社，2020.07.

[13]谢明.高校体育教育理论探索与实务研究[M].长春：吉林人民出版社，2020.02.

[14]谢宾；王新光；时春梅.高校体育教学与运动训练研究[M].长春：吉林人民出版社，2021.10.